# Lutz Mayers

# EIN LEBEN FÜR DIE KATZ!

*Über das „schöne" Leben eines Sozialhilfeempfängers!*

Herausgeber: Werner Herrmann, Münchner Str. 18,
85614 Kirchseeon

Herstellung und Verlag:
BoD – Books on Demand, Norderstedt

ISBN eBook: 978-3-7528-5060-4
ISBN Buch 978-3-7526-2873-9
Verlag: BoD

Printed in Germany

Für die gute Zusammenarbeit
bedanke ich mich bei

Marie Luise,
Barbara &
Sylvia


und

der „Süddeutschen Zeitung"

# INHALTSVERZEICHNIS


Vorwort/Prolog...................................................... 8

Epilog vom Prolog: Wie der Corona-Virus mein
Buchkonzept versaute ........................................ 10

1. KAPITEL: vor der Zeit..................................... 13
   Meine Zustandsbeschreibung: Die Selbstständigkeit
   Die Gerichtsvollzieher .......................................
   Das Arbeitsamt..................................................

**Das Sozialamt: Der Antrittsbesuch** ...................... 19

2. KAPITEL Diverse Tätigkeiten                         20
   Materialismus in Deutschland............................
   Kleinere Arbeiten ............................................
   Meine „teuren" Freunde...................................
   Wer schreibt, der lebt ......................................
   Die Wahrsagerin...............................................

3. KAPITEL: Meine Wohnungsprobleme            30
   Wohnen in Schwabing....................................
   Meine Wohnung...............................................
   Morgengrauen .................................................
   In der Corona-Krise ........................................
   Nur ein gebrauchter Tag..................................
   Tagesabläufe, wie so viele...............................
   Der „liebe" Nachbar........................................
   Wir grillen im Hof...........................................
   Die Apfelernte.................................................

**Das Sozialamt: Der 2. Besuch** ..................................... 45

4. KAPITEL: Das liebe Geld    47
   Das Monatsende
   Meine Banküberweisungen
   Die hohen Stromrechnungen
   Das Arbeitslosengeld..........................................
   Hobbies und Verkäufe ........................................

5. KAPITEL: Diverses    57
   Kleidung, nichts als Kleidung ...........................
   Der Winterschlussverkauf
   Alles über Elektrogeräte ...................................
   Ein Herd, kein Herd .........................................
   Die ständigen Telefonprobleme.........................
   Mein Computerelend.........................................

**Das Sozialamt: Fragen, nichts als Fragen**............. 70

6. KAPITEL: Die „Münchner-Tafel"    72
   Meine „Tafel"-zeit
   Die Tiertafel ...................................................
   Die Tafel an Weihnachten ................................
   Die Obdachlosenzeitung: „Biss" .......................
   „Weißer Rabe"/Diakonie...................................

7. KAPITEL: Weihnachten in München    81
   Der Nikolaus in Freising ..................................
   Mein Weihnachten............................................
   Meine Blutvergiftung .......................................
   Weihnachten mit Sylvia ....................................
   Eine, meine Weihnachtsgeschichte .....................

**Ein Zwischenfazit: Jetzt** .......................................... 87

**Das Sozialamt: Unterlagen, nichts als Unterlagen  90**

8.  KAPITEL: Meine Freunde                             91
    Mein Freund Josef Boraros ...............................
    Josef´s letzte Reise ........................................
    Christina Raschewa, eine gute Freundin .............
    Der Werner ...................................................
    Und sehr wichtig: Barbara W. ...........................

9.  KAPITEL: Partnerschaften                           98
    Partnervermittlung .........................................
    Salsa, nichts als Salsa ....................................
    Meine Tangozeit ............................................
    Hölle, Hölle, Hölle .........................................

**Das Sozialamt: Alle meine Kontoauszüge** ............ 104

10. KAPITEL: Essen und Trinken ......................... 105
    Über das Essen und Trinken ............................
    Über REWE, EDEKA, LIDL und ALDI ...........
    Mein Karstadteinkauf .....................................
    Nur die Staatsanwaltschaft ..............................

11. KAPITEL: Verschiedenes                             114
    Blutspenden .................................................
    Alles über Sesselfurzer und Vorortspiesser ........
    Die „Jörg Pilawa Show" ..................................
    Fernsehen: Die Konsumentensprache ................
    Das Münchner Kulturleben ..............................
    Tollwood-Festival ..........................................
    Mein neuer Baustoff .......................................

**Das Sozialamt: Es wird ernst**....................................... 127

12. KAPITEL: Meine Katzen               129
   Ein Pärchen ...........................................................
   Lauter Katzengeschichten ....................................
   Meine, unsere Hauskatze ......................................
   Alles über das Katzenfutter ..................................
   Ich habe einen Vogel .............................................

13. KAPITEL: Bade- und Freizeit         139
   Fahrrad fahren.......................................................
   Der Baggersee, die Badeseen................................
   Am Starnberger See ..............................................
   Der Englische Garten ............................................
   Biergärten in München..........................................
   Umwelt und Klima.................................................

**Das Sozialamt: Der Prozess**....................................... 147

14. KAPITEL: Ärzte                   152
   Meine Hausärztin ..................................................
   Eine Schulteroperation..........................................
   Nur eine Erkältung ...............................................
   Und jetzt auch noch die Schilddrüse...................
   Zahnschmerzen .....................................................

**Das Sozialamt: Meine Hinrichtung!**...................... 159

   Leben und Sterben ................................................ 165

   Nur ein Nachtrag.................................................. 167

## Prolog

Wenn Sie glauben, dass das Leben eines Sozialhilfeempfängers (mit Grundsicherung!) wirklich so „schön" ist, dann, lieber Leser, lesen Sie um Gottes Willen nicht weiter. Sollte ich Sie aber neugierig gemacht haben, auch auf meine vielen Baustellen zum Beispiel, dann würde ich mich freuen.

Ja, es ist schon seit längerem des Öfteren ein „Scheißleben" und ja, es gibt viele wie mich, 22.000 Menschen fallen unter die Armutsgrenze, Armut in München. Und wir leben auch noch mitten unter Euch. Unsichtbar sind wir nicht! Und wie Tagelöhner oder Obdachlose sehen wir auch nicht aus. Übrigens, wir könnten auch IHR Nachbar sein. Bestimmt ein freundlicher Mensch zumal. Aber glückliche Gesichter sehen meistens anders aus. Das von Menschen eben, die an den Rand gedrängt, so ihr Leben fristen.

Das ist derzeit auch zum Dauerthema in den Medien, somit auch der Öffentlichkeit, geworden. Hier sind nur einige Schlagzeilen der letzten Jahre:

> „Arm in einer reichen Stadt!" (2012)
> „Schuften bis zum Schluss!" TV-Doku (2015)
> „Zum Leben zu wenig!" (2015)
> „Es reicht noch nicht!" (2016)
> „Die Armut nach dem Arbeitsleben!" (2017)
> „Mangel im Wohlstandsland!" (2018)
> „Hunderttausende Rentner brauchen Hilfe
>    der Tafeln!" (2017)
> „Frieren aus Scham!" (2019)

Früher gebraucht und dann allein gelassen, Menschen im Rentenalter eben, einer wie ich, männlich, über Siebzig und im Unruhestand!! Aber aufgeben will ich nicht: Ich versuche es jeden Tag wieder, aus dieser Misere herauszukommen. Und irgendwann gelingt es mir auch! Erlebnisse aus meinem derzeitigen Leben habe ich

in meinem Tagebuch aufgezeichnet – Ausschnitte daraus
habe ich in diesem Taschenbuch zusammengefasst.
150 Jahre alt ist Viktor Hugos Roman „Les Misérables“,
in dem der Satz steht: „So lange, wie es Ignoranz, Armut
und Elend auf dieser Erde gibt, werden Bücher wie dieses
hier nicht ohne Wert sein!“

**Epilog vom Prolog
oder
wie der Corona Virus mein Buchkonzept versaute:**

Was denkt sich dieser Virus eigentlich? Kommt so mir nichts dir nichts daher und stört meine Vorbereitungen zu diesem Buch.

Da sitz´ ich monatelang schreibend am Computer (hin und wieder spinnt er?), lasse am Schluss zwei sehr nette Damen Lektor spielen, bereite alles für einen Druck vor und dann das. Ich bin so was von sauer!

Man kann es verstehen, dass sich der Corona-Virus Sars-Cov-2 in China nicht mehr wohl gefühlt hat. Er wollte halt nicht mehr von einer Großen Mauer ausgegrenzt sein und die Welt kennenlernen. Klar, kennt man einen Chinesen, kennt man alle. Hat der sich gedacht. Und gleich die Seidenstraße zum Fortkommen benützt.

Das haben sie nun davon. Die Schlitzaugen. Mehr sieht man ja nicht von denen, zurzeit.

Man muss sich das bloß mal durch den Kopf gehen lassen: Zuerst kam um die Jahrhundertwende die „Spanische Grippe", später in unserer Zeit die Vogelgrippe, dann die Schweinegrippe, Sars 2002, Mers 2012, Ebola nicht zu vergessen und jetzt, 2019/20, Covid. Und immer kostet so ein Virus viele Menschenleben! Vielleicht kann ich mich irren, aber das wird nicht der letzte Virus sein, der uns heimsucht. Wie gesagt, irren ist männlich, aber das wissen auch schon unsere Frauen.

Unseren Nigel-Nagel-Neuen „Landesvater" Markus Söder hat es sicher gefreut, dass mit der Pandemie. Jetzt darf er endlich Ministerpräsident spielen. Für ihn kam sie zur rechten Zeit – für mich nicht. Sch…. aber auch. Nur das mit der Solidarität klappt noch nicht so richtig (siehe Kapitel: Telefon!). Und das, obwohl die Bundesregierung diese Anzeige geschaltet hat: „Wir halten zusammen!"? Eigentlich sollten wir alle die gleichen Sorgen haben.

Aber dann braucht es diese Anzeige doch nicht, oder doch?

Jetzt darf ich alles nochmal umschreiben. Und fertig werden soll alles auch noch bevor diesem Virus der Garaus gemacht wird, mittels eines Impfstoffs möglicher weise.

Dieser Zeitdruck aber auch und dieser entsetzliche Virus. Habe ich Ihnen eigentlich schon gesagt, dass ich ihn nicht mag? Darum habe mir fest vorgenommen, gesund zu bleiben. Und impfen werde ich mich demnächst auch lassen. Das hat er nun davon, der Virus. Gott sei Dank werden nur 60 % der Bevölkerung befallen, aber leider 84 % von uns „Alten". So viel Alte in der Risikogruppe gibt es doch gar nicht oder doch?!

Ja, die gibt es. Einen amerikanischen Präsidenten, Trump, zum Beispiel, auch ein Mitglied in unserer Risikogruppe. Da hat sich doch dieser Virus rücksichtsloser weise an ihn herangemacht. Er geht nun davon aus, dass sich das nicht gehört. Wo er doch im Herbst seine Wiederwahl gewinnen will. Übrigens, er hat sie verloren – auch deswegen, weil er den Virus nicht energisch genug bekämpft hat.

Gott sei Dank bin ich immer frei von jeglicher Schadensfreude?!

Auf jeden Fall werden auch alle meine neuen Erfahrungen mit diesem Virus in meinem Leben (im Alltag) in diesem Buch ihren Niederschlag finden.

**Und auch das noch:**
**Verstorbene Menschen weltweit:**
**(1.1.2020 – 4.4.2020)**

| | |
|---|---:|
| Corona | 59.206 |
| saisonale Grippe | 125.625 |
| Malaria | 253.335 |
| Suizid | 277.065 |
| HIV/Aids | 434.335 |
| am Alkohol | 646.213 |
| durch das Rauchen | 1.121.603 |
| an Krebs | 2.121.985 |
| VERHUNGERT | 2.504.806 |

**„Alles wird gut!" Wirklich alles?**

# 1. KAPITEL: Vor der Zeit

## Meine Zustandsbeschreibung: Die Selbstständigkeit

Das waren sie, die „Kirschen" in meinem Leben: Ein paar Jahre vor meiner Rente hatte ich eine kleine Messebaufirma gegründet. Anfangs mit kleinen Erfolgen. Ich wollte mit stolz geschwellter Brust und etwas Kapital in Rente gehen, obwohl mein Anfangskapital schon damals nicht sehr üppig war. Die Erfolge wurden dann auch immer weniger, leider. Einige meiner Kunden bezahlten die Messestände später, Andere weniger oder eben gar nichts mehr. Manche ließen es, oft aus fadenscheinigen Gründen, zu einem Prozess kommen. Die Miete und die Betriebsausgaben wie Mieten, Gehälter und Materialkosten sind trotzdem immer angefallen. Und Rechtsanwälte kosten…, leider!

Das Geld wurde knapp und knapper, irgendwann war ich am Ende. Kosten Wahrheit – Kosten Klarheit. Da half es auch nicht mehr, dass die Bank umschuldete, umschuldete und nochmals umschuldete. Und ich verkaufte alles, was sich zu Geld machen ließ, Schmuck, Bilder, Maschinen, neuwertig noch. Nur um meine Firma zu retten!? Dann war dummerweise meine Lebensversicherung dran. Jahrzehntelang habe ich eingezahlt, es sollte auch meine Rente werden. Die ist leider auch nicht sehr hoch. Für einen „Appel" und ein „Ei" bekam sie die Bank. Nun ist alles weg!

Und immer noch glaubte ich damals an das Wunder der Wiederauferstehung, suchte nach Antworten. Die kamen dann auch. Als der erste Gerichtsvollzieher vor der Tür stand, war mir klar, ich war endgültig am Ende. Die Miete für die Werkstatt samt Büro habe ich fünf Monate lang auch nicht mehr bezahlen können. Ging dem Vermieter, so gut es ging, aus dem Weg. Es war die Hölle. Durchschlafen war auch nicht mehr. Tagelang lief ich wie Falschgeld durch die Stadt. Wenn man glaubt, es geht nicht mehr, man möchte es nicht glauben, kam von

„irgendwo" ein Lichtlein her. Ein sehr kleines allerdings, aber das reicht oft schon. Eine gute Freundin konnte das nicht mehr mit ansehen. Sie empfahl mir den Weg zum Sozialamt. Und ein Freund den Offenbarungseid. Und so lernte ich das Sozialamt und auch alle Gerichtsvollzieher kennen, die man in dieser Lage kennen muss. Ich muss gestehen, auch das dauerte noch eine Weile. Ich und ein Versager?!

Na gut, letztere waren auch sehr nett und gaben mir sogar Tipps, wie man nun mit meinen Problemen umgehen muss. Nur den Gerichtsvollziehern vom Finanzamt sollte man, so gut es geht, aus dem Weg gehen. Die würden auch meine heißgeliebten Katzen pfänden!

So habe ich mir mein Rentnerdasein eigentlich nicht vorgestellt. Als Gescheiterter…, Krisen beenden Illusionen! So musste ich lernen, wie das so ist in einem Sozialstaat und mit dieser Bürokratie. Bin nicht mehr mein eigener Herr. Tja, Würde und Rücksicht sind mehr als nur Worte, Demut auch. Dabei war ich ein Mensch, der Teil dieser Gesellschaft war und ein normales Leben führte. Mein Leben liegt vor mir wie ein Buch, dass ich weiß Gott schon ein paar Mal gelesen habe. Ich kenne mich und weiß, was ich kann und was ich nicht kann. Was mich interessiert und was nicht, wen ich liebe und was passiert, wenn ich diese Arbeiten nicht mehr ausführen kann. Die Musik, die mich aufbaut, welche Filme mich zum Heulen bringen, ja auch die Eissorten, die mir schmecken. Denn wer im Leben wenig erwartet, wird am Ende auch belohnt, heißt es. Dabei muss ich ausgerechnet an meinen „lieben" Vater denken. Er glaubte damals schon, sein Kind wird es wohl nicht weiter als zu einem Straßenkehrer bringen! Er war halt ein Mensch mit intellektueller Einschränkung.
Die hatten damals schon einen sehr schlechten Ruf. Heutzutage sind die, logischer weise, bei der Stadt angestellt, mit allen Vergünstigungen und sie haben einen

sicheren Arbeitsplatz. Deswegen allerdings hätte ich nicht studieren müssen!

Jetzt hat auch bei mir, Gott sei´s geklagt, die wohl unvermeidliche Verzwergung stattgefunden. Es lief halt alles auf einen Kontakt mit dem Sozialamt hinaus.

## Die Gerichtsvollzieher

Vor ein paar Tagen habe ich Post von einem Gerichtsvollzieher bekommen: Ich muss einen Offenbarungseid leisten, demnächst, bei ihm.

Nun, ich habe schon mal einen geleistet. So einer muss anscheinend alle paar Jahre erneuert werden. Vor einiger Zeit bin ich, wie schon erwähnt, mit einer Messebaufirma in einen selbst verschuldeten Bankrott geraten. Schulden bei der Bank, was sonst.

Dabei hat mir meine Firma so viel bedeutet. Ohne Kapital kein Preis. Also habe ich alle Unterlagen zusammengerafft und bin los. Gott sei Dank kannte ich den Gerichtsvollzieher von früher. Ein sehr sympathischer und verständnisvoller Mann, das muss ich sagen. Na gut, eine Tasse Kaffee hat er mir zwar nicht angeboten, aber ansonsten ratschten wir gleich über Gott und die Welt. Das rechne ich ihm hoch an, so viele guten Ratschläge und Tipps bekommt man nicht von jedem. Ich war schon erstaunt, dass er in dem kleinen Kammerl zwischen den Bergen von Akten noch einen Platz für mich fand. Letztendlich hat er mich doch noch nach „neuen" Werten und Objekten befragt. Die ominöse Villa im Tessin kam natürlich auch zur Sprache. Hätte ich sie nur! Den Eid schnell ablegen, so neben bei und auf dem Formular bestätigt. Ende. Beim ersten Mal hätte ich mir das eigentlich schon viel aufregender und eindrucksvoller vorgestellt!

Ein Konkursverfahren habe ich damals wegen meines Alters nicht in Erwähnung gezogen. Die blöde Schufa (Aufsicht!) wäre dann auch noch dazu gekommen. Sie verhilft mir nach Ende des Verfahrens noch drei Jahre lang zu einem schlechten Image. Keine Kredite bei Banken: Nur, die bekommt man dann später als Rentner auch nicht mehr! Aber eine miese Auskunft bei geschäftlichen Kontakten, die ist kostenlos!

Ich habe es damals nicht verstanden, dass ein Konkurs in Deutschland sechs Jahre dauert. Das heißt, alles, was man in dieser Zeit verdient (abzüglich einer bestimmten monatlichen Summe, die man zum Leben braucht!) muss an die Gläubiger abgeführt werden. Zur Tilgung der Schuld. Wenn das nicht geht, muss man sechs Jahre leiden. Das verstehe ich nicht: In Frankreich geht die Konkurszeit über zwei Jahre, in Großbritannien sogar nur über ein Jahr. Zu allem Übel kommt in Deutschland auch noch die Zeit der Schufa (drei Jahre!) dazu. Wie soll man nach dieser langen Zeit, nach neun Jahren, wieder auf die Beine kommen? Es ist so, wie es ist, und ich bin mittlerweile Rentner. Er, der nette Gerichtsvollzieher, verabschiedete mich mit der Drohung: „Wenn Sie zu großem Reichtum kommen sollten…!" Freudestrahlend habe ich JA gerufen. Die Optimisten (wie ich!) gehen halt nicht leer aus.


## Das Arbeitsamt

Meine finanzielle Lage war katastrophal. Alle, Freunde zumeist, sahen ihn schon kommen – meinen Zusammenbruch. Meine kleine Messebaufirma war ruiniert. Es waren der Baustellen zu viele. Eine gute Freundin hat mich, wie gesagt, damals an das Arbeitsamt verwiesen. Eher gedroht hat sie! Ich wollte immer noch glauben, es würde so weitergehen, Hoffen und Bangen und Bangen und Hoffen usw. usw. Optimismus ist manchmal nur ein Mangel an richtigen Informationen. Mein Stolz ließ es nicht zu, jetzt die richtigen Entscheidungen zu treffen. Mein ganzes Leben war ich unabhängig und in meinen Entscheidungen so frei wie man in dieser Gesellschaft nur sein konnte. Aber irgendwann gab ich auf.

Gezwungenermaßen führte mein Weg als erstes über das Sozialamt. Sie stellten gleich meine Daten fest. Ich war zu diesem Zeitpunkt sechzig Jahre alt. Eigentlich immer noch reif für den Arbeitsmarkt. Dachte ich?

Aber die vom Sozialamt bestanden darauf, dass ich mich zuerst auf dem Arbeitsamt um einen Job bewerben sollte. Ich war dort. In der Vorhalle kann man sich selber in einem Computer um Arbeit bemühen. Ich bin Innenarchitekt. Ein Architekturbüro wäre genau das Richtige für mich. Leider war kaum noch was zu finden, was Besseres schon gar nicht. So setzten alle Büros Computerkenntnisse voraus, die ich nicht vorweisen konnte. Aus der Traum. Dabei hätte ich auch einfache Büroarbeiten übernommen. Bei der Berufsberaterin war es dann auch nicht viel besser. Ich glaube, meinte sie, dass Sie in Ihrem Alter nichts mehr finden werden, was Besseres schon gar nicht. Das Arbeitsamt wusste das schon und gab mir eine Empfehlung an das Sozialamt mit. Also, auf zur Sozialhilfe (Hartz IV) und zur Abhängigkeit. Man ist zwar mit Sechzig zu alt für einen guten Bürojob – aber nicht zu alt zum Putzen!

## Das Sozialamt: Der Antritts -"Besuch"

Bin wieder auf dem Weg zum Sozialamt. Und sehr gespannt, was mich diesmal erwartet. Es dauerte, bis ich das richtige Zimmer im richtigen Stock gefunden habe. Ein Sozialbearbeiter, mich von oben bis unten musternd, empfängt mich gnädigst. Wieder so ein fauler Sack, hat der sicher gedacht. Na ja, dann die ewige Leier: Haben Sie alle Unterlagen dabei und dies und jenes auch noch? Irgendein Schriftstück fehlt immer, so auch bei mir. Dann wird mir ein Berg Formulare hingeschoben, vor dem Unterzeichnen gut durchlesen. Na, wenn er das sagt. Endlich kommen sie, die Belehrungen, du darfst das nicht und das geht auch nicht und dies soll ich gar nicht erst versuchen. Abhängigkeit ist ein Dreck dagegen. Bin entlassen und unendlich genervt.

Draußen fällt mir ein, dass ich ja keinen Pfennig (Cent!) in der Tasche habe. Also nichts wie zurück. „Mein" Sozialarbeiter hat sich zwar darüber nicht so gefreut, sieht aber ein, dass ich ohne „Kohle" nicht überleben kann. Also schreibt er eine Überweisung an die Kasse aus. In Zukunft landen die Überweisungen monatlich auf meinem Bankkonto: 432.00 Euro in ganzen Scheinen. Man glaubt es nicht: Die Kasse hatte schon zu. Zurück zum „Geldgeber"! Er wird mich einfach nicht los. Der arme Mann muss nun auch noch den Kassenwart suchen. Der ist inzwischen beim Mittagessen und über die Störung sehr (!) erfreut. Irgendwann war ich um 432,- Euro reicher und schon froh, das ungastliche Haus endlich verlassen zu dürfen. Es wird mich, wohl oder übel, nicht zum letzten Mal gesehen haben.

Daheim fällt mir ein: Das mit den Vergünstigungen für mich muss ich das nächste Mal erfragen, erbitten oder einfach verlangen? Oder gibt's die vielleicht gar nicht?

## 2. KAPITEL: Diverse Tätigkeiten

## Materialismus in Deutschland

Sind wir ein materialistisches Volk? Manchmal denke ich, ja das sind wir. Jetzt, wenn es mal wieder dem Ende des Monats zugeht und das verdammte Geld nicht reicht, fallen mir manchmal die vielen mehr oder minder geistreichen Sprüche über dieses Thema auf, die teilweise meine Wand tapezieren.

Und so geht's los: „Die Welt ist gedacht für unsere Bedürfnisse und nicht für unsere Gier!", meint Mahatma Gandhi. „Für den Reichtum sterben die Menschen – für Futter die Vögel". Der Spruch ist zurzeit sehr aktuell, siehe FFF, „Friday for future". Oder der: „Wer sagt, dass mit Geld alles möglich ist, der beweist, dass er nie welches besessen hat!", meinte schon Aristoteles Onassis. Noch ein sehr reicher Mensch weiß auch, dass: „Armut nicht durch Spenden, sondern durch Investitionen beseitigt wird!". Der ist auch gut: „Wenn man jung ist, denkt man, Geld ist alles – aber, wenn man älter ist, denkt man, Geld ist alles!", so Oscar Wilde. Und der gefällt mir auch von ihm: "Heute kennen die Leute von allem den Preis und nicht den Wert!". Der Gute scheint sich in seinem Leben nicht nur mit Literatur beschäftigt zu haben? „Nicht das Geld ist böse oder gut – sondern nur der, der's brauchen tut!", na klar, ist von einem Börsianer. Kennt ihr den: „Willst du den Wert des Geldes kennen lernen, musst du welches borgen!", das sagt ein Ami, Benjamin Franklin. Der gefällt mir auch: „Ohne Geld wäre Armut gar nicht denkbar!", der ist übrigens von Gerhard Polt. Von wem dieser Spruch stammt, weiß ich nicht: „Geld ist besser als Armut, wenn auch nur aus finanziellen Gründen!". Ja, ja, Geld regiert die Welt und der Teufel die Leut'!

Was man mit Geld alles anstellen kann, hat eine bekannte TV-Moderatorin unter Beweis gestellt: Sie hat eine 155 qm große Drei-Zimmer-Wohnung „nur" für ihre Kleidung gemietet: Monatsmiete bloß schlappe 5000,- Euro.

„Ich hab´ kein Geld! Keinen Shopping-Schotter, keine Reiserücklagen, keine Piepen für Wellness, keine Kohle für´s Kino, keine Knete für Kuchen, kein Moos für den Cappuccino im Cafe, keinen Zaster für eine Halbe im Biergarten, keine Mäuse für Sprachkurs oder Restaurantbesuche; keinen Cent für Druckerpatronen, keinen Euro für Mitbringsel, keine Kröten für Blumen. Den Elendsetat von 3,98 Euro für Nahrungsmittel und alkoholfreie Getränke pro Tag kann ich nicht ausschöpfen, weil ich Medikamente kaufen muss. Und so gehe ich zur Tafel, weil das bisschen Scheißgeld selbst für Lebensmittel nicht reicht!", so schreibt A. Kenter in ihrem Buch (Heart´s Fear Hartz IV!). Ich bin schon erstaunt, mit wie viel Worten man Money umschreiben kann. Es gibt sicher noch mehr so „nette" neue Sprüche, für die ich auch wirklich dankbar bin!!! Dabei lege ich als „ambitionierter" Sozialhilfeempfänger mit Grundsicherung inzwischen keinen so großen Wert mehr auf zu viel Geld!? Soll nur unglücklich machen…!? Aber das wiederum glaube nur ich allein. Und was Zurzeit selten passiert: Ich habe Lotto gespielt. Ich glaube, ich bleibe doch lieber arm! Gewonnen hat, wie meistens, der Lottobetreiber.

## Kleinere Arbeiten

Als Sozialhilfeempfänger lebe ich nun von 432,- Euro monatlich. Und das in einer so teuren Stadt wie München. Armut in München? Es wird Zeit, anders mit meiner Bedürfnislosigkeit umzugehen. Trotzdem wird man es mir nachsehen, wenn hin und wieder doch Bekannte anrufen: Einige kleinere Arbeiten sollten so bald wie möglich bei ihnen erledigt werden. Ob ich die nicht übernehmen wolle? Was bleibt mir schon anderes übrig, als ja zu sagen. Ich bin auch nicht teuer (leider!). In den Fünfzigern habe ich eine Schreiner- und Malerlehre als Geselle abgeschlossen, ohne die Berufe lange ausgeübt zu haben. Jetzt im Alter kann ich dies gut gebrauchen. Und es gibt schon öfter was zu tun. Nur nicht immer, regelmäßig schon gar nicht. Verlernt habe ich nichts und lerne auch immer fleißig dazu. Und das richtige Werkzeug habe ich auch noch aus der Zeit des Messebaus.

Übrigens, gebe ich dann dem Amt einen 400,- Euro Job an, würden mir immerhin sofort 250.-€ abgezogen. Der Rest von 150,-Euro bleibt so bei mir. Kein Wunder, dass ich solche Arbeiten in dieser Höhe nicht annehmen will. Irgendwie soll sich die Arbeit ja finanziell noch lohnen. Arbeitskleidung und neues Werkzeug muss ich mir trotzdem selbst besorgen. Und immer wieder geht auch das Werkzeug kaputt.

Reparieren lassen will ja heute kaum mehr jemand etwas. Trotzdem biete ich dies an: Repariere Schränke, streiche Wände, verlege Teppiche und räume auch Keller aus.

Immer, wenn ich mal bei meiner Hausärztin vorbeischaue, dann lese ich auch im Wartezimmer die neuesten Fachzeitschriften, wie: "Schöner Wohnen" interessiert. Wie gesagt, in meinem früheren Leben war ich als Innenarchitekt unterwegs. Und zurzeit ist bei Malerarbeiten Farbe angesagt. Es darf auch wieder tapeziert werden. Aber doch nicht in Deutschland! Und schon gar nicht bei meinen „Kunden". Wohnungen haben bei uns so eintönig wie möglich zu sein, alles ist weiß, weiß, weiß. Man glaubt es nicht. Und ich würde doch so gerne mit Farben die Welt verändern.

Na gut, man kann ja dann zur Not auch einen Keller ausräumen. Das spricht sich, Gott sei Dank, herum. Solange ich nur vom Sozialamt unterstützt werde, komme ich von ihm auch nicht los. Und ewig kann ich dies in meinem Alter auch nicht machen, rauf auf die Leiter und runter, es ist einfach zu anstrengend für mich. Da dachte ich mir, wenn mich die vom Amt schon fürs Nichtstun "bezahlen", dann werde ich eben Schriftsteller. Ich brauche dann nur noch LESER! Ja, das wäre was, ich schreibe Bücher und kann auch noch davon leben. Möglicherweise fehlt mir dann doch die Gängelung vom Amt. Dann ist mir allerdings auch nicht mehr zu helfen. Wow!!!

Die Zeiten ändern sich und ich mit ihnen. Der Corona-Virus hat uns im Griff. Klar, uns Arme trifft es nicht so stark wie Selbstständige. Die zudem kaum Rücklagen haben und not gedrungen jetzt auch Hartz IV-Empfänger werden. Ihre ehemaligen Geschäftsbeziehungen, die können sie auch vergessen. Rücklagen haben wir Sozialhilfeempfänger zwar auch nicht, aber mit der Not umgehen können wir, gelernt ist gelernt, über die Jahre. Jetzt müssen auch alle mit diesem, bis jetzt „gepimperten", Leben klarkommen. Und die Welt wird dann nicht mehr dieselbe sein.

Zurzeit soll ja niemand arbeiten, der lieben Kollegen und Kunden zuliebe. Wir, das heißt, ich, sitze begeistert zu Hause herum und hadere mit der Zukunft. Auch das so beliebte „Schwarz"-Arbeiten entfällt derzeit. Wie gesagt, ich könnte ja irgendeinen Kunden anstecken, das geht gar nicht. Wo ich doch vom Alter her auch noch zu einer Risikogruppe gehöre und trotzdem, immer noch(?), gesund bin. Ich bin gespannt, wenn ich mich demnächst Impfen lasse, ob sich das dann für mich ändert und ich doch den einen oder anderen Auftrag bekomme?

## Meine „teuren“ Freunde

Heute bin ich bei alten und sehr erfolgreichen Freunden eingeladen. Die laden einen Sozialhilfe-Empfänger zum Abendessen ein, ich fasse nicht. Werde mich hüten, das gleich am Anfang zu erzählen. Vor mehreren Jahren hatte ich beruflich mit einem Bekannten zu tun. Über den freundeten wir uns etwas besser an. So lernte ich auch die Ehefrau kennen. Dann haben wir uns auseinandergelebt. Jetzt hat er eine gute Geldanlage für mich vorgesehen (bei 432,-Euro monatlicher Beihilfe!) und mich gleich angerufen. Na ja, es war ein ganz angenehmer Abend, in einem feudalen Haus. Habe vorher noch schnell meine Hose aufgebügelt und den alten Anzug angezogen. Aufgebrezelt wie für eine Hochzeit. Weil sie außerhalb Münchens wohnen, nahm ich ein Taxi. Ich werde es bei meinen nächsten Essensausgaben spüren, nächstens.

Zuerst gab es eine Tomatenmousse, danach einen Poularden-Salat mit grünen Bohnen. Zu den gefüllten Kalbsröllchen mit Salbeinudeln wurde ein alkoholreicher Weißwein mit geschmeidigen anhaltendem Abgang ausgeschenkt. Vorsichtshalber hatte ich schon vorher das Mittagessen ausfallen lassen.

Was für Geschäfte haben sie nach diesem Abendessen mit mir vor? Im Laufe des Gesprächs kamen wir dann doch auf die wirtschaftliche Situation im Allgemeinen und die meine im Besonderen zu sprechen. Nun ließ ich es raus. Die Gesichter der beiden muss man gesehen haben. Während er mich noch ungläubig musterte, sah seine Frau ihn vorwurfsvoll an. „Ich hätte doch mein billiges Geschirr hernehmen sollen!!“ Und ich wäre sicher in der Küche abgefüttert worden. Na gut, die Nachspeise, den Mandelgugelhupf mit Heidelbeerkompott ließ ich mir noch schmecken. Irgendwann waren sie dann froh, als ich mich verabschiedete – es war ungastlich geworden.

Fuhr mit dem Taxi nach Hause. Als ich zahlen wollte, fand ich einen 100-Euro-Schein in meiner Jacke. Jetzt fühlte ich mich wie ein Stück Scheiße, gedemütigt bis dort hinaus. Ich konnte nicht anders, habe geheult wie ein Schlosshund. Dass sie mir nichts für Morgen zum Essen mitgegeben haben, wundert mich dann doch. Vielleicht bekommt es morgen dann ihr der Hund...!

Wie sagte schon Maxim Gorki: "Nach manchen Gesprächen mit Menschen hat man den Wunsch, einen Hund zu streicheln, einem Affen zuzulächeln und vor einem Elefanten den Hut zu ziehen!"

## Wer schreibt, der lebt

„Keine Frage: Lesen macht schön!" So steht´s in einer Beilage der „Süddeutschen Zeitung". Jetzt, im Herbst, wäre die beste Zeit, um sich mit einem Buch zurückzuziehen. Mit meinem natürlich. Klar! Ist das nicht schön – Lesen macht schön. Ich kann es einfach nicht oft genug wiederholen – Lesen macht.... Also, wenn´s schee macht, dann hilft´s auch bei mir. Frauen haben das so nicht nötig, logisch.

Eigentlich wollte ich schon immer ein Buch schreiben, einen Roman vielleicht, nur wusste ich eines Teils nicht, ob meine „Schreibe" genügt, anderenteils nicht, über was ich so schreiben soll. Jetzt habe ich die Zeit und ein mir wichtiges Anliegen: „Das schöne (!?) Leben eines Sozialhilfeempfängers in der Corona Krise!" möglicher weise. Habe mein Talent eben aufgespart. Ja, „Träume sollten so groß sein, dass man sie nicht aus den Augen verliert!", das sagt, wieder mal, Oskar Wilde.

Jetzt mag jemand den Eindruck haben, da schreibt einer, der nicht unbedingt ein sehr angepasster Mensch ist. Das stimmt sicher bei einem, der sein ganzes Leben lang als Freiberufler gearbeitet hat. Der fügt sich halt nicht immer so leicht ein. Ein Individualist eben. Da habe mir halt gesagt, wer seinen eigenen Weg geht, kann von niemandem überholt werden.

Vieles geht mir dabei ganz leicht von der Hand und manche Ereignisse fallen mir leider oft zu spät ein. Dann formuliere ich wieder alles um, wieder und immer wieder. Und vieles schreibt sich nicht so leicht, wie ich mir das in meinem Kopf zurechtgelegt habe. Die Einleitung zum Beispiel habe ich schon dreimal geschrieben oder doch viermal? Ja, ich bin voll im Thema und alles Weitere geht mir dann auch leicht von der Hand.

Vor vielen Jahren hat mich ein Kollege mal mit einem Anarchisten verglichen. Das, glaube ich, ging doch ein bisschen zu weit: Ein Anarchist ist laut Lexikon ein Mensch, der die Beseitigung jeder Herrschaft eines Menschen über andere und die Einführung unbeschränkter Selbstständigkeit der Einzelwesen in rechtlicher, gesellschaftlicher und wirtschaftlicher Beziehung erstrebt! Soweit würde ich nie gehen, aber es hat schon etwas.

Schon Immanuel Kant hat uns dahingehend belehrt: „Dass der vernünftige und freie Mensch dem Reich der bloßen Zweckhaftigkeit nur entkommt, wenn er das Richtige tut". „Audere est facere" (Tue das Richtige!), das ist übrigens das Vereinsmotto von den Tottenham Hotspur's, einem englischen Fußballverein. Also tue ich das Richtige und habe auch noch viel Freude am Schreiben. Tja, Weisheit findet man da, wo man es am wenigsten erwartet.

Übrigens, in diesem Tagebuch habe ich nur die wichtigsten und interessantesten Beispiele erwähnt. Es ist schon toll, wann mir was einfällt und auch von und über wem. Vor dem Einschlafen beispielsweise auch, beim Aufwachen passiert's, beim Duschen, auch beim Arzt, im Supermarkt. Ja, sogar auf dem Klo werde ich kreativ.

Das werde ich auch sein müssen: jetzt in der Corona Krise. Also los: alles auf den neuesten Corona-Stand bringen. Eigentlich will ich mit dem Buch fertig sein, bevor die Wissenschaft den Impfstoff entwickelt hat, der dem Virus den Garaus macht.

Und nun viel Vergnügen beim Lesen!! Wenn´s doch schee macht...?
Ein Verlag will es auch drucken. So wie es zurzeit aussieht, erfinden sie gerade den Buchdruck neu. (Das wäre ein Grund, Gutenberg nachträglich den Nobelpreis zu verleihen!) Denn es dauert und dauert. Meine Ungeduld ist hier auch nicht gerade von Vorteil. Das Taschenbuch hätte schon im Sommer zur Urlaubszeit herauskommen sollen, jetzt endlich im Herbst. Gott sei Dank hilft mir ein guter Freund bei den Verhandlungen. Die Kosten jedenfalls steigen, und meine finanziellen Reserven neigen sich dem Ende zu.

Es wird Zeit! Und noch weiß ich nicht, wie es beim Leser ankommt!? Das hat mich allerdings nicht davon abgehalten, mit einem neuen Buch anzufangen. Ich schreibe nun mal gern. Also auf ein Neues!

**Die Wahrsagerin**

Wahrsagen ist eigentlich nicht so mein Ding. Weil ich aber ein neugieriger Mensch bin und diese Adresse durch eine gute Bekannte bekommen habe, bin ich hin. Neugier ist der Tod der Katze, sagt man.

Es war damals schon ein sehr ungemütlicher Januartag, alles grau in grau, geschneit hatte es dann später auch noch. Aber die Wahrsagerin hatte eben noch einen Termin frei. Dafür musste ich bis nach Murnau fahren. Sie wohnte in einem Neubaugebiet.

Ob das wahr ist, was sie mir erzählt? Ich bin gespannt wie ein Flitzebogen. Zuerst erfahre ich, dass sie noch einen anderen Beruf ausübt. Aber mit der Zeit würde das Wahrsagen einen immer größeren Raum in ihrem Leben einnehmen. Jetzt kommt sicher das mit der Glaskugel, die kommt nicht, obwohl, wenn man in die Kugel blickt, was sieht man zuerst: sich selbst. Was ich wissen will, fragt sie als erstes. Klar, wie geht es weiter in meinem Leben?

Auf welche Änderungen muss ich mich demnächst einstellen? Ich würde gerne ein Buch über die Ereignisse der letzten Jahre als Sozialhilfeempfänger schreiben. Das Ergebnis klingt eher nach einem Wetterbericht: mal Regen, mal Sonnenschein. Nur wenn ich konzentriert zu Werke gehen werde, werde ich auch Erfolge erzielen.

Gependelt wurde zuerst, das Ergebnis war wohl nicht so in ihrem Sinne. Dann kamen die Tarot-Karten dran. Zuerst mischte sie sie, drei Karten aus dem Stapel sollte ich ziehen, die sie vor sich auf den Tisch legte. Welche das waren, weiß ich beim dem besten Willen nicht mehr. Aber das mit dem Buch wird wohl nichts. Das gäben die Karten nicht her. Eigentlich hätte ich das alles aufschreiben sollen. Was sie über meine Zukunft noch so alles erzählt hat, habe ich irgendwie vergessen. So hat sich das Positive und Negative zwar wie immer im Leben die Waage gehalten. Vielleicht wollte sie mich auch nicht zu sehr verunsichern: ich könnte ja ein regelmäßiger „Kunde" werden. Ich war enttäuscht, wo ich doch so gern ein Schriftsteller wäre. Jeder will doch in seinem Leben seinen Fähigkeiten gemäß ge- oder verbraucht werden!

Es war eine üble Rückfahrt nach München. Dunkel war es schon, und geschneit hat es auch immer noch. Ausgerechnet mein Vater fiel mir während der Fahrt ein. Es war schon eigenartig, es war mir zumute, als würde er neben mir sitzen. Obwohl ich ein Einzelkind war, war ich nicht das Lieblingskind meines Vaters. Ich weiß, es klingt nicht gut: Aber ich habe ihn gehasst. Durch Prügel bekommt man keine Liebe. Haben diese negativen Gedanken was mit dem Wahrsagen zu tun? Nichts! Er hat ja im Leben nichts von mir gehalten – weg damit. Und ausgerechnet jetzt, während der Fahrt. beschäftige ich mich damit. Fuck. you! Es war mir schon unheimlich zumute in meinem Auto.

Hallo, hallo, liebe Wahrsagerin, jetzt schreib ich doch endlich das Buch und zwar ausgerechnet über das „schöne" Leben eines Sozialhilfeempfängers. Das Buch war oder ist doch ein Wunsch, mein Lebenstraum! Was sagt der Volksmund: Wer schreibt, der bleibt. Eben.

Wenn ich schon beim Wahrsagen bin, kann ich auch gleich zu Hause nachschauen, was in meinem Horoskop steht: Meine emotionalen und intellektuellen Fähigkeiten ergänzen sich. Na also. Mein Ehrgeiz richtet sich auf intellektuelle Bereiche. Natürlich bin ich von Natur aus aufgeweckt und neugierig. Leider bin ich nur mit einer mittleren geistigen Beweglichkeit ausgestattet. Na ja, man kann ja nicht alles haben.

Und das gefällt mir auch ganz gut: Ich bin offen, großzügig und liebenswürdig. Meinen Lebensweg habe ich fast von alleine (?) erfolgreich gestaltet. Was die so alles in solchen Horoskopen feststellen, ich weiß es bis heute nicht, wie das geht und ob das alles auch stimmt? Nun, ich neige schon zur Egozentrik, bin leidenschaftlich und werde von starken sexuellen Begierden beherrscht. Kein Wunder bei der Venus im elften Haus!? Andererseits bin ich voller Vitalität und mit einer guten gesundheitlichen Konstitution gesegnet. Das wollte ich aber auch hören!

Leider habe ich meine negativen Eigenschaften gerade nicht parat. Aber ich bin schwer am Suchen. Ganz sicher werde ich sie in meinem nächsten Buch ausführlich ausbreiten. Aber so wie ich mich kenne, habe ich keine.

## 3. KAPITEL: Meine Wohnungsprobleme

### Wohnen in Schwabing

Ich wohne in Schwabing, noch!! Obwohl ich 1974 in
die Zwei-Zimmer-Wohnung eingezogen bin, habe ich
mir immer vorgenommen, irgendwann in eine größere zu
ziehen. Noch „darf" ich hier wohnen. Obwohl mich der
Mitarbeiter im Sozialamt am liebsten eine viel kleinere,
billigere, Wohnung unter jubeln würde. So wie es heute
aussieht, sollte ich eigentlich aus diesem Wohnviertel
verschwinden oder mich einfach dafür entschuldigen, als
Sozialhilfler in einem Schickimicki-Viertel zu wohnen.
Ein Container wäre eher adäquat, dort würde es sicher
noch für mich ein kleines Plätzchen geben. Siehe
Sozialamt! Ein Sozialhilfeempfänger in Schwabing,
igitt… Es ziehen sowieso nur Angestellte von großen
Konzernen, Ärzte, Rechtsanwälte oder andere
Akademiker in absichtlich (!) leer geräumte Wohnungen.
Und wir alten Mieter werden immer weniger. Das Viertel
verliert so seinen unverwechselbaren Charakter!
Es haben sich in München und Umgebung viele
Weltfirmen niedergelassen. Natürlich machen sie sich
breit, wo immer es geht. BMW zum Beispiel kauft einen
halben Stadtteil, Milbertshofen, auf. Und dann suchen sie
auch noch für ein paar Tausend Mitarbeiter günstige
Wohnungen. Google und Microsoft zum Beispiel.
machen es auch nicht anders. Die Zuzügler zahlen eben
jeden Preis, für andere, wie Kindergärtnerinnen, Lehrer,
Arbeiter oder Polizisten ist hier kein Platz mehr. Und die
alten Mieter wie mich, auf die braucht man keine
Rücksicht mehr zu nehmen, die sterben eh bald! Wir sind
keine interessanten Kunden mehr. Also, wohin soll ich
ziehen? Eben in einen Container oder gleich ins Umland?
Wenn ich meine noch günstige Wohnung verlasse, sehe
ich es, das wunderschöne alte Jugendstilhaus mit seinem
wundervollen Efeu, der sich über vier Stockwerke
schmiegt, an der Ecke. Zuerst mussten so schnell wie

möglich alle alten Mieter raus, nun steht es schon seit zwei Jahren leer. Aber wir Anrainer passen schon auf, damit nicht wieder im Keller ein Feuer angezündet wird. Oder das schöne Jugendstil-Treppenhaus plötzlich nicht mehr existiert! Der neue Besitzer wollte das Haus abreißen lassen. Auf unseren Protest hin wurde es endlich unter Denkmalschutz gestellt. Das gefällt dem Investor natürlich gar nicht. Nun wird gestritten. Wahrscheinlich wird dann sowieso alles luxussaniert und sau teuer vermietet oder verkauft.

Es wird Zeit, dass dann auch der alte Rosthaufen von Auto (meiner!) vor dem Haus verschwindet. Er schadet nur dem Ansehen und nimmt einem Porsche auch noch den schönen Parkplatz weg.

## Meine Wohnung

Es ist schlimm, wenn man die Tage so in regelmäßiger Folge langweilig vorbeiziehen sieht. Aber mein innerer Schweinehund bekommt endlich einen gewaltigen Dämpfer: Ich streiche endlich mal meine Wohnung.

Cocooning nennt man das, das ist die Rückbesinnung auf's Private, den gezielten Rückzug vom öffentlichen Leben. Gegen den aufkommenden Lagerkoller bin ich in den nächsten Baumarkt marschiert. Und so bin ich selbstbestimmt; Im Grunde ist das auch ein emanzipatorischer Akt der Selbstverwirklichung.

Gesagt getan. So was zieht sich bei mir immer ganz schön hin: Zuerst alles in der Wohnung abdecken, dann schauen, wie viel noch auf meinem Konto ist. Es reicht gerade noch für die billigste Dispersion. Frühjahrszeit ist Sonderangebotezeit. Das Werkzeug hatte ich Gott sei Dank. Ein Zimmer soll komplett lichtgrau gestrichen werden: Ral-ton 7038. Macht dann schon was her.

Anfangs hatte ich noch große Lust. Ich hätte Bäume ausreißen können, nach einiger Zeit war es dann doch nur ein kleines „Gestrüpp". Ein Motivator wird jetzt dringend gesucht! Ich hatte mir das so schön gedacht: heute das Zimmer und morgen das andere Zimmer usw. Letztendlich ging das ein paar Wochen so. Ein Rentner mit Grundsicherung hat ja soooo viel Zeit!? Morgen, morgen, nur nicht heute, sagen alle faulen Leute. Man möchte es nicht glauben, alles ist doch noch fertig geworden, irgendwann. Und ich habe so die Corona-Zeit optimal genutzt.

Ich glaube schlichtweg, dass ich schon als „Schlamper" auf die Welt gekommen bin. Die Weisheit des Alters eben. Oder ist es ein besonderes exklusives Talent, alles, was sich nicht gleich aufräumen lässt, liegen zu lassen. Irgendwer räumt es schon weg, meist ich nach einer mehr oder weniger langen Zeit. Dann ist meine Wohnung endlich top-secret. Nur meine Katze nimmt das alles sehr gelassen hin.

Es wäre dann schon günstig, etwaige Besucher vorsichtshalber darauf hinzuweisen, dass das Betreten der Wohnung versicherungstechnisch gesehen nur auf eigene Gefahr und Rechnung erfolgt.

Dabei war das alles schon einmal anders: Wie heißt es so schön, Ordnung ist das halbe Leben. In meinem ersten halben Leben war auch alles in Ordnung. Aber wie ist es dann im anderen restlichen Leben, ist dann Unordnung erlaubt?

Ich habe mir schon so oft vorgenommen, das zu ändern. An Silvester nehme ich mir das auch immer vor, wenn mir halt nichts anderes, Besseres, einfällt. Und das soll dann ein vernünftiger Mensch 365 Tage durchhalten. Unmenschlich ist das! Immerhin sah meine Wohnung nach dem Malern auch ausgesprochen sauber und ordentlich aus. Das macht man eben auch nur alle paar Jahre. Aber nichtsdestotrotz: Ich weiß heute schon, was ich mir nächstes Silvester ganz fest vornehme!?

Jetzt, nach den Malerarbeiten, das Aufräumen und Putzen nicht vergessen. Dabei putze ich hin und wieder das eine und morgen das andere. Es lohnt ja eigentlich nicht. Einfaches Staubsaugen oder Wischen gleicht bei mir einer wilden Slalomfahrt um Zeitungsstapel, Bierkästen und Handtaschen herum. Es wird ja sowieso wieder alles schmutzig! Und wo soll das Zeugs sonst hin? Aufräumen erfordert eben bei mir eine geradezu unmenschliche Anstrengung. Im Alter soll man wirklich vorsichtig mit seinen Kräften umgehen. Außerdem wird bei mir grundsätzlich nicht vom Boden aufgegessen, Suppe zum Beispiel. Wäre ja noch schöner.

Ein Single wie ich benötigt eigentlich wöchentlich „eine" Putzfrau (das Sozialamt will in Zukunft Gutscheine im Wert von 15 Euro pro Woche für eine „Putze" ausgeben!).

Was mir auch sonst noch so auffällt: Ständig geht etwas kaputt. Früher bin ich einfach in einen Laden gegangen und habe mir das dann gekauft. Heute gehe ich in einen, schaue mich um, frage nach dem Preis und kaufe es dann Monate später. Wenn überhaupt! Und so hat sich das mit der Schlamperei eben auch eingeschlichen, still und leise. Das zu ändern interessiert mich wohl immer nur an Silvester?

## Morgengrauen

„Es gibt Tage, da wünscht´ ich, ich wäre mein Hund", das hat Reinhard Mey schon vor gut 40 Jahren gesungen. „Ich lag` faul auf meinem Kissen und säh` mir mitleidig zu. Wie mich wilde Hektik packt zur Morgenstund` und verdrossen von dem Schauspiel, legt` ich mich zurück zur Ruh`, denn ich hätte zwei Int`ressen: erstens Schlafen, zweitens Fressen!". Ja, solche Tage hat er mit mir, weiß Gott, gemeinsam, Brüder im Geiste eben.

Heute schlecht geschlafen. Ich trau`s mir ja kaum laut zu sagen, ich habe wirklich schlecht geschlafen, was eigentlich selten vorkommt.

Da hatte ich einen so schönen Traum: Der Bundestag hatte ein Gesetz verabschiedet, in dem die Armut für alle Zeiten verboten wird. Sehr zum Ärger der CDU/CSU Fraktion. Die Linken jubeln und Christian Lindner von der FDP begibt sich wieder in die Arme seines Psychiaters zur Nachbehandlung. Leider, leider bin ich aufgewacht. Ja, ja, die Armut ist Scheiße!!!

Und die Sorgen sind auch schon alle wieder da, was sonst, plus Regenwetter. Heute kommt auch alles auf einmal zusammen. Die Katze hat wieder mal vor das Bett gekotzt, Morgengrauen: Die deutsche Sprache hat schon einen besonderen Charme. Der da im Spiegel, ich kann ihn nicht leiden. Das Gesicht, das man mit Siebzig hat, ist das, was man verdient, sagt man. Also gut, ich sehe halt aus wie ein ungemachtes Bett, an dem eine Plastiktüte hängt. Noch irgendwelche Fragen? Vielleicht sollte ich mir das Waschen schenken, es riecht ja eh keiner. Und wieder im Bett verschwinden? Habe auf meiner Fernbedienung geschlafen. Ach, darum ist mir das Abendprogramm öfter im Schlaf erschienen?

Hunger, stelle ich ernüchtert fest, habe ich derzeit auch keinen. In den Kühlschrank will ich deswegen gar nicht reinschauen. Heute kein Gaumensex = Essen! Morgengrauen eben. Und über meine Sexualfunktionen will ich lieber kein Wort verlieren.

Vielleicht sollte ich jemanden anrufen und meine schlechte Laune mit ihm teilen. Denn was Lange gärt wird endlich Wut! Denn jeder Segen kommt mit einem Fluch. Ich glaube, morgen mag ich mich wieder. Ich kenne mich doch.

**In der Corona Krise**

Wer hätte das gedacht: So sind sie, die Tagesabläufe in der Coronakrisenzeit:
Also, ich schlafe nur bis Mittag. waschen, kochen und Mittagessen verdauen, dann ein Mittagsschläfchen von 1,5 Stunden. Der Körper von alten Menschen braucht das! Und sofort intensives Nachdenken, wie ich den restlichen Tag nutzbringend verbringen könnte. Der Tag, die Sorge.

Nach dem Abendessen gebe ich mich vorurteilsfrei dem Fernsehen hin. Gott sei Dank gibt es genügend Talkshows, in denen es immer noch Politiker und Virologen gibt, die noch nicht ihren Senf zur Corona-Krise dazu gegeben haben. Verbildet und erschöpft schlafe ich ein. Vorsicht vor dem nächtlichen Harndrang. Ich brauche den Schlaf, um danach die Kraft zu tanken, die ich brauche, um diese schwere Zeit anständig zu erleben. Denn wer gut schlafen will – braucht keine Sorgen. Verwirrt habe ich festgestellt, dass ich vorher das Kaffeetrinken vergessen habe. Und jetzt ist es zu spät. So ein Tag fordert einen aber auch.

Der nächste Tag: Heute werde ich alles anders machen, evident strukturierter natürlich. Zeuge: meine Katze!

Der übernächste Tag bringt es mit sich: Ich habe mich in eine Frau verliebt, die gerade an meinem Fenster vorbeigegangen ist, Warte dann, dass sie das nochmals tut, wo sie doch wissen muss, dass ich in sie verliebt bin. Bin dann enttäuscht und habe in meiner grenzenlosen Verzweiflung noch eine FFP2 Maske (Farbe: grau!!) gekauft. Das war ein sogenannter Frustkauf, Wenn ich mich schon mal verliebe? Dabei fiel mir auf, dass ich schon zehn, allerdings weiße, Masken habe. Ich werde sie einmal teuer verkaufen, übrig gebliebenes Klopapier und die Hefe als Dreingabe dazu. Eigentlich wollte ich mit den vielen Rollen meinen restlichen Lebensabend finanzieren.

Der zehnte Tag: habe meiner Katze einen längeren Vortrag gehalten. Es geht doch nicht, dass sie ständig ohne Mundschutz das Haus verlässt. Dabei habe ich genügend davon. Hernach steckt sie noch meinen unsympathischen Nachbarn an. Das wäre doch furchtbar. Das ist so, wenn man eine Katze hat, dann spricht man hin und wieder mit ihr – bedenklich wird es, wenn sie antwortet, sehr bedenklich!

Der zwanzigste Tag: Ich habe versehentlich mein Bad zweimal geputzt. Das zweite Mal nach dem Mittagsschläfchen. Das erste Mal muss mir irgendwie entgangen sein. Oder habe schon einen anderen, bestimmt sehr seltenen Virus? Danach den Staubsauger angeworfen – es hat sich gelohnt. Die Katze hat rechtzeitig das Weite gesucht. Der Lärm! Ich schwöre, dass ich nicht versehentlich nach getaner Arbeit meinen Penis in den Schlauch gesteckt habe. Auch wenn das schon 75 % der Männer in Deutschland (nicht der Frauen, die wissen doch, was sich gehört!) einmal gemacht haben.

Am übernächsten Tag wurde endlich der Boden geputzt. Man könnte jetzt, wenn man wollte, vom Boden essen. Suppe eher nicht.

Abends fernsehen: „3sat" zum Beispiel. Endlich mal ein Beitrag ohne Corona. „Vulva und Vagina", ein Thema, dass man 1 Stunde und 45 Minuten durcharbeiten kann. Habe viel gelernt.

Jawohl, je weniger der Mensch als selbst bestimmtes, denkendes, sinnliches Wesen erfährt, umso wichtiger ist die Erinnerung daran, dass er es einmal war.

Auch ein vernünftiger und selbstbewusster Mensch wie ich reagiert auf Paradoxe auch nur mit Gefühlen: Trauer, Verwirrung, Trotz, Lethargie, öfter auch mit Amüsement, seltener mit Wut. Kein Wunder, wenn man wochenlang mit der Pandemie und dem Lockdown lebt. Und wie sollen wir mit diesen Paradoxa umgehen lernen? Mehr oder weniger gut. Es ist nicht wichtig, wie alt ich zum Beispiel werde – sondern wie ICH alt werde. Wir leben in immer individualistischeren Gesellschaften, mit einem immer kleineren Sinn für die Gemeinschaft. Machen wir uns da bitte nichts vor! Die fehlende Solidarität zum Beispiel. Die Solidarität müsste in Zeiten wie dieser ein Grundversorgungsmittel sein. Leider stößt sie frontal mit der neoliberalen Kultur zusammen, in der das „Rette-Sich-Wer-Kann" und der Individualismus regieren. Sie macht uns gieriger und folglich weniger großzügig. Auch eine der mannigfaltigen Folgen der C-Krise! Man nennt solche Individuen auch noch Querdenker, igitt. Das Impfen überlassen sie auch noch groß zügiger weise uns anderen

Nun zu etwas Anderem: Man glaubt es nicht, was man in solchen Zeiten so alles erlebt: „Wir freuen uns, dass sie bei uns gelandet sind", so flötet eine Frauenstimme ins Telefon. 78,00 Euro kostet es mich pro Jahr und ich könnte auch Vierteljährlich zahlen! Was ich zu diesem Zeitpunkt gar nicht wusste, ist, dass ich bei einem Wettbüro gelandet bin. Ja gut, ich hätte irgendwo ein „Häkchen" gemacht, "Häkchen" mache ich aber ganz sicher so gut wie nie und dass sie meine Kontonummer haben, finde ich unglaublich besch….! Das ist typisch in unserer Corona Krisenzeit; Ich bin Rentner, war immer schon im Lockdown, habe zurzeit kaum Kontakte, (bis jetzt hat mich noch niemand gefragt, wie es mir geht?) gehöre zu der Risikogruppe, habe an Einnahmen so gut wie keine und muss auch noch dazu einen Mundschutz tragen. Und da soll ich Interesse an einem Wettbüro haben? Man glaubt es nicht – die holen es auch noch von den Toten! Auf jeden Fall werde ich die nächsten Tage mein Konto im Auge behalten.

Wie hoch ist gleich wieder die Zahl der Erkrankten? Toten?

## Nur ein gebrauchter Tag

„Guten Morgen liebe Sorgen, seid ihr auch schon alle da!" Sie sind es. Der Schlager kann nur für mich geschrieben worden sein. Jeden Tag lasse ich meine Sorgen zusammenkommen, damit ich aber auch jedem freudestrahlend erzählen kann, was für mich ein gebrauchter Tag ist.

Dabei bin ich, wie schon mal erwähnt, ein freundlicher Mensch, der gut gelaunt und optimistisch, wie es sich gehört, dem Tag entgegengehen würde. Wer rechnet schon damit, dass sich die Sorgen ausgerechnet diesen Tag ausgesucht haben?

Zuerst war in der Post, die immer vormittags kommt, u.a. eine Rechnung für die Abflussreinigung über 176,- Euro. Da kann man nicht meckern – der Handwerker hat ja für die Arbeit nur 10 Minuten gebraucht. Ohne Anfahrt! Dabei habe ich ihm bei seiner Arbeit auch noch geholfen. Man hat ja sonst nichts zu tun. Im nächsten Brief soll ich meine neue Lesebrille abholen – 137 Euro bei Barzahlung. Für andere Briefe und Mahnungen habe ich schon ein bestimmtes Plätzchen vorgesehen. Da liegen sie gut, aber nicht ewig. Und die „Süddeutsche Zeitung" fehlt auch mal wieder, wie so oft, im Briefkasten. Diesen Dieb hacke ich noch mal die Hände ab!!!

Und dann hat meine Armbanduhr gegen meinen Willen ihren Geist aufgegeben. Sollte ich unterwegs mal wissen wollen, wie spät es ist, na ja, eine Kirchturmuhr ist immer in der Nähe.

Übrigens, Geschenke gibt es erst an Weihnachten – aber kein Weihnachtsgeld! Wäre ja noch schöner...!

Wie gesagt, ein „guter" Morgen. Dann überweise ich in der Bank die monatlichen 80 Euro für den Strom und dazu die 54 Euro, so viel kostet das Telefon inkl. Handy. Mehr ist jetzt nicht mehr drauf. Die Überweisungen waren aber nicht der Grund, kaputte Glühbirnen auszuwechseln und mein Lieblingshemd beim Anziehen zu beschädigen. Dabei war der Tag ja noch nicht mal rum, da meldet sich einer meiner Rauchmelder lautstark. Warum, ich weiß es nicht. Da hat man uns wieder einmal etwas aufs Auge gedrückt, was die Menschheit nicht braucht.

Bier ist auch keines mehr zu Hause. Nur, ich würde das ja sofort erledigen, aber eine Socke hat ein faustgroßes Loch, und meinen linken Schuh finde ich um´s Verrecken nicht. Wahrscheinlich hat ihn meine Katze gefressen! Nicht dass ich sie nicht lieben würde, aber nun auch das noch: Ausgerechnet heute muss sie wieder einmal ins Treppenhaus kotzen. Und immer dann, wenn die Handwerker vormittags im ganzen Haus das warme Wasser abgestellt haben.

Es war eben nicht mein Tag, ein gebrauchter eben. Ich hätte einfach im Bett bleiben sollen. Irgendwie habe ich den Eindruck, der Staat weiß, dass er nichts tun muss, weil es irgendwo die „Tafel" gibt, und auch Hilfsorganisationen wie die Caritas zum Beispiel. Sie haben viel Zeit und ein mitfühlendes Ohr, nur nicht für mich? Das muss das Sozialamt gehört haben, das Telefon läutet gerade energisch. Sie haben halt Sehnsucht nach mir!! Aber deswegen gleich den Teller fallen zu lassen? Während ich alles aufsammle, denke ich, dass es dafür dann Spender-Organisationen gibt, die zwar ein großes, weites Herz haben, mir aber kein Geschirr bezahlen wollen. Aber falls ein Leser mit mir tauschen will, bitte schön! Gerne!

Jetzt ist aber damit Schluss. Ich lege mich jetzt ins Bett – hoffentlich breche ich mir auf dem Weg dahin nicht mein Bein, das linke wo möglich...? Übrigens, falls jemand meinen linken Schuh gesehen haben sollte, es gibt keinen Finderlohn.

## Tagesabläufe, wie so viele

Ich beginne jeden Tag, als wäre es Absicht. Natürlich. Meistens beginnt er so, wie ich ihn mir wünsche. Gut gelaunt und optimistisch wie es sich gehört. Ich bin nun mal ein freundlicher, aufgeschlossener Mensch. Findet wenigstens meine Umgebung. Wenn, ja, wenn nur nicht immer morgens die bösen Rechnungen im Briefkasten lägen. Oder Anrufe, vom Sozialamt z.B., auf die ich gerne verzichten kann.

Und so stellt sich schon die Frage: Was ist denn das „Schöne" im Leben eines Rentners mit einer Grundsicherung, die ihm der Staat gewährt? Oh doch, es gibt sie auch, die anderen unangenehmen Tage: Allzu oft ähneln sie sich. Und so erlebt ein normaler Rentner, wie ich, seinen Tagesablauf:  Er kann, zum Beispiel, so lange schlafen, wie er will, den gesamten Tag so einteilen, wie er lustig ist, Zeitprobleme kennt er nicht mehr, gesund bleiben ist sicher ein Vorteil, finanzielle Probleme kennt er und die Zukunft ist wie ein Tag, ein Tag, ein Tag!

Und so fühle ich mich auch oft, irgendwie unnütz, abgestaubt und nicht wieder abgeholt, entsorgt eben. Aber den Müll trenne ich immer brav, gell. Bin eben einer, den die Gesellschaft nicht mehr braucht?? Gott sei Dank bekomme ich hin und wieder von Bekannten kleine Aufträge, die das Leben wieder etwas leichter machen.

Mit dem Fernsehprogramm wird der fade Tag, wie jeden Tag, abgeschlossen.

Und doch gibt es Vorgänge, Unternehmungen oder Anrufe zum Beispiel, die ich eigentlich dringend erledigen sollte. Aber ich tue es nicht, nein. Ich bekomme sie nicht mehr auf die Reihe. Und so verfalle ich immer mehr in diesen unangenehmen Rhythmus: ich mache das alles nicht heute, denn Morgen ist auch noch ein Tag, und übermorgen geht's sicher auch noch. Heute aber auf gar keinen Fall. Das ist er, der innere Schweinehund. Er meldet sich immer häufiger, öfter als mir lieb ist. Ich bin dann gereizt, launisch, ich mag mich nicht mehr. Und diese verfluchten Tage kommen öfter, als ich will. Wie gesagt, dabei bin ich wirklich (!) ein freundlicher, optimistischer Mensch mit der noch nötigen Energie, meine Probleme zu lösen.! Na ja, der Tag ist alt, der Traum ist dann geträumt.


## Der „liebe" Nachbar

Ich bin am Überlegen, ob ich über ihn schreiben soll. Einesteils ist es nur sehr ärgerlich, andererseits nimmt es schon einen viel zu großen Raum in meinem Leben ein. Es gibt Tage, da lache ich darüber, dann wieder gibt es Zeiten, da könnte ich aus der Haut fahren vor Ärger. Meistens komme ich so mit dem Ignorieren nicht nach. Tja, um was geht es eigentlich? Um einen Mieter, der unter mir im Parterre wohnt. Viele im Haus mögen ihn auch nicht. Er ist Ägypter und in Deutschland durch sein Studium zu Wohlstand gekommen. Jetzt im Alter scheine ich sein „Lebensinhalt zu sein.

Man muss wissen, unser Haus ist in den Sechziger Jahren ohne Schallschutz gebaut worden. Wenn also im fünften Stock einer seinen Hammer fallen lässt, dann geht er davon aus, das kann nur ich gewesen sein. Und das bloß, weil ich hin und wieder in unserem Viertel bei Bekannten Renovierungsarbeiten erledige und ich in Arbeitskleidung das Haus verlasse. Das lässt er sich nicht entgehen. Natürlich benütze ich manchmal auch meine Wohnung als Werkstatt, natürlich. Ist ja auch normal. Übrigens, in Ägypten vermissen sie ihn. Und so schaukelt es sich von Affäre zu Affäre hoch. Anfangs hatte ich nach einem Gespräch mit ihm nur noch den einen Wunsch: Einen Hund zu streicheln, einen Affen zuzulächeln und vor einem Elefanten den Hut zu ziehen. Na gut, so beschäftigt er inzwischen halt Anwälte und kungelt mit unserem Hausverwalter. Der glaubt ihm sowieso alles, ohne mich jemals zum „Tatbestand" zu fragen. Eigentlich verlangt dies der Anstand, mich auch anzuhören.

So hat der Hausverwalter mir schon ein paarmal gekündigt, was mein Rechtsbeistand bisher aber immer verhindert hat. Ein paar Tage bzw. Nächte lang rief „der" Nachbar an die zwanzigmal bei mir an und legte gleich wieder auf. Durch eine Fangschaltung der Telekom bin ich ihm auf die Schliche gekommen. Oder er schreit im Treppenhaus, mitten in der Nacht, wild meinen Namen: Party feiern geht hier gar nicht. Ganz sicher hat er mich damals auch beim Sozialamt angeschwärzt. (Die wollen jetzt jeden Monat meine Kontoauszüge sehen!) Oder er verbietet(!) es auch, wenn ich nachts in meiner Wohnung mit einer Pistole (?) herumlaufe?! Übrigens, wenn er seine „Anordnungen" im Treppenhaus verbreitet, dann spricht er übrigens schon von „seinem" Haus! Am liebsten würde er seine eigene Hausordnung anordnen. Auch das hat ihm dann mein Rechtsanwalt rechtzeitig verboten.

Seine Unfähigkeit zu lernen ist wirklich legendär. Aber so langweilt er sich halt nicht in seinem Rentnerdasein. So fad wie es sonst bei ihm ist. Bei mir findet auch so bei seinen Vorurteilen darüber kein Nachdenken statt. Vielleicht tue ich Gutes? Er weiß es nur noch nicht. Ohne ihn könnte ich auch ganz gut leben. Und ausziehen? Das heißt nur, vor ihm davonzulaufen. Wo es in München so wenige Wohnungen gibt!? Also weiter ignorieren.

Ich muss ja zugeben, anfangs habe ich es darauf angelegt, mit gleicher Münze zurückzuzahlen. Dann habe ich eingesehen, dass ich dem Ganzen eine zu große Bedeutung beimesse. Es führt zu nichts, bzw. nur zu ewigem Ärger, auch meinerseits. Ja, ja, Weisheit findet man meist da, wo man es am wenigsten erwartet.

Man kann es auch anders sehen: Agatha Christie meinte einmal vielsagend: "Nichts ist beglückender, als den Menschen zu finden, den man den Rest des Lebens ärgern kann!". Alsdann...

## Wir grillen im Hof

Auf der Rückseite unseres Hauses gibt es nicht nur einen Balkon, jede Wohnung hat hier einen. Wir haben auch noch einen großen Garten mit Springbrunnen. Und im wunderschönen Rosenpavillon kann man mit guten Freunden den Grillabend bei einem Glas Wein wunderbar beschließen. Alles wird regelmäßig gepflegt. Nur benutzen will ihn oft keiner, man glaubt es nicht!

Wieder einmal wollte ich das in diesem Sommer ändern. Nicht zum ersten Mal übrigens. Eine Grillparty wäre auch so eine Gelegenheit, endlich einmal „viele", d.h. alle Mitbewohner näher kennenzulernen. In allen drei Hauseingängen habe ich Flyer aufgehängt. Und die Briefkästen damit vollgestopft. Es hätte ja was werden können, denn das Wetter versprach, schön zu werden. Wenn nur lumpige zehn Prozent kämen, dann hätte ich nicht so viele Tische und Bänke im Schweiße meines Angesichts herbeischleppen müssen und auch noch den Grill besorgt.

Die engsten Nachbarn, Christine R., Marie-Luise, natürlich mein Freund Josef, der Opernsänger und einige wenige gute Bekannte, sie kamen und wollten grillen. Sah trotzdem etwas mickrig aus. So viele Tische und nur sieben Personen. Trotzdem warteten wir auf das, was nicht kommen sollte.

Es geht anscheinend nicht so leicht mit eigenwilligen Großstädtern. Man kann scheinbar auch anders Kontakt bekommen. Also habe ich den Grill so richtig aufgeheizt und den Rauch gleichmäßig über die Rückseite des Hauses verteilt. Es hat nicht allen gefallen, uns schon, und so wir haben uns auch „kennen" gelernt. Danach haben wir das Beste aus unserem Fest gemacht – wäre ja noch schöner. Im Nachbarhaus fand das so jedes Jahr statt. Und alle machen dort mit. Mal grillen die einen im Hof, mal die anderen. Nur bei unserer Wohnanlage nicht. So sind's halt, meine Mitbewohner!

## Die Apfelernte

Vor unseren Häusern und denen auf der anderen Straßenseite gibt es kleine Vorgärten. In einem auch Obstbäume. Neben dem einen Hauseingang sind es zwei Kirschbäume. Sie sind jedes Jahr überladen mit den besten Kirschen. Da sie keiner pflückt, liegen sie halt auf der Straße. Die Stadtreinigung freut sich schon darauf. Leider sind die Äste kaum zu erreichen, also verfaulen sie oder sie liegen, wie gesagt, auf dem Boden. Die Vögel erledigen dann den Rest.

Anders ist es mit dem Apfelbaum am anderen Ende des Grundstücks. Dem Baum der Versuchung. Anfang August ist es immer so weit. Sie schmecken wie sie aussehen. Herrliche rote Äpfel. Das haben auch die vorbeigehenden Fußgänger bemerkt. Ja, solche Äpfel bekommt man in keinem Supermarkt. Bevor sie die parkenden Autos malträtieren, hole ich sie mir. „Ja, darf man das?" ist die am meisten gestellte Frage der Passanten. Der Baum gehört nicht dem Hausbesitzer, sondern dem privaten Kindergarten im Haus. Er wurde vor dreißig Jahren gepflanzt. Er wächst und gedeiht und hat jedes Jahr Äpfel zum Genießen. Mit der langen Leiter geht das Abernten ganz gut. Meine Freundin Marie-Luise hilft mir dabei. Dann werden sie, so gut es geht, verteilt. Bei Nachbarn und guten Freunden, den Kindergarten nicht zu vergessen. Manche warten schon jedes Jahr darauf. Die Erlaubnis haben wir jetzt auch. Den Rest auf dem Boden übernimmt natürlich die Stadtreinigung. Und bei mir der Apfelstrudel...

## Das Sozialamt: Der 2. Besuch/Der München Pass

Bin wieder mal auf dem Weg ins Sozialamt und „sehr" neugierig. Es könnte ja mal anders laufen. Tja, um die obligatorischen Fragen komme ich auch dieses Mal nicht herum. Hat sich was geändert, bin ich zum Beispiel heimlich auf dem Weg zu ungeheurem Reichtum, von dem das Amt mal wieder nichts weiß? Wenn ich jetzt ja sagen würde, aber das vermuten sie sowieso. Dann wird alles gestoppt: die Miete, die Krankenkassenbeiträge, auch die einmal im Jahr anfälligen Heizkosten. Die monatlichen 432 Euro zum Leben ebenso.

Alte Rentner haben es im Winter gerne warm. Früher durften wir deshalb unseren Lebensabend im Süden, in Spanien zum Beispiel, verbringen. Auch das ist uns verboten worden. Die Bundesrepublik hat uns Alte halt gerne argwöhnisch im Auge. Immer den Finger draufhalten. Dass mir ja keiner aufmuckt. Ach, wenn ich doch das alles hinter mir lassen könnte, wäre das schön! Eigentlich ist das doch so: Die Bürger der Bundesrepublik Deutschland sind doch eigentlich der Souverän, also auch der Vorgesetzte der Angestellten im Amt. Und die Angestellten sind doch nur für uns da. Denkste! Das war einmal; heutzutage bitten wir. um einmal empfangen zu werden. Dabei werden die von unseren Steuern bezahlt!

Mich hat vor ein paar Tagen die GEZ (für Rundfunk- und Fernsehgebühren!) aus Köln angerufen. Sie hätten mir schon vor einiger Zeit ein paar Mahnungen geschickt. Die sind leider noch nicht bezahlt. Bei Sozialhilfeempfängern mit Grundsicherung übernimmt dies eigentlich in der Regel das Sozialamt. Sie waren überrascht. Natürlich stellt mir normalerweise das Amt ein Formular aus, in dem ich von den Gebühren befreit werde. Das muss jedes Jahr erneuert werden. Woher sollte ich das wissen? Ich habe die Befreiung bekommen, aber die alten Schulden muss ich wohl oder übel in Raten nachzahlen. Das hätten sie mir alles ersparen können. Es ist mal wieder typisch: Gute Nachrichten und Tipps bekommt man von Freunden, die schlechten umsonst vom Amt. Das fördert die Abhängigkeit. Kein Wunder, dass ich so oft von einem normalen, unabhängigen Rentnerdasein träume.

Die Stadt München bietet schon auch Dinge an, die das Leben leichter machen: den „München-Pass" zum Beispiel. Auch er wird vom Amt ausgestellt und soll jedes Jahr verlängert werden. MVV-Tageskarten werden nun billiger. Auch in manche Museen, die der Stadt unterstehen, kommt man nun kostenlos. Alles habe ich noch gar nicht ausgereizt. Trotzdem ist das eine feine Sache. Mehr davon, mehr...! Sie würde uns schon öfter helfen. Derzeit erhöht sie die Sozialhilfe von 432 auf 446 Euro. Nach Rechtslage kann die Stadt nur in geringem Umfang einen Ausgleich bei der Sozialhilfe schaffen.

# 4. KAPITEL: Das liebe Geld

## Das Monatsende

Es geht dem Ende des Monats zu. Für mich die schlimmste Zeit. Das Geld ist alle. Und endlich gibt es wieder welches. Und dauernd überlege ich mir, was brauch´ ich wirklich, was muss warten. Es ist zum Aus-Der-Haut-Fahren. Weil es immer jeden Monat dasselbe Lied ist. 432 Euro reichen halt nicht in dieser Stadt zum Leben! Ich muss es immer wieder erwähnen! Dann ist endlich Zahltag. Man möchte es nicht glauben, wie viele Leute dies außer mir noch interessiert. Das sieht man an den Rechnungen, die immer rechtzeitig eintreffen. Und warum reicht das nicht? Am 10. eines Monats sind endlich alle Überweisungen getätigt. Da müsste doch eine ganze Menge Bares übrigbleiben? Natürlich, eine ganze „Menge", na klar. Ein paar Euro pro Tag! Im Winter, zum Beispiel, heize ich kaum noch, so vermeide ich Ende des Jahres die Nebenkosten. „Spare in der Zeit, sonst stirbst du in der Not", meint unser Bundestagspräsident Schäuble. Woher weiß der so gut Bescheid über die Not der Armen?

Also, am 20. eines jeden Monats wird mir mitgeteilt, wenn du nur wenig hast, solltest du das wenige noch besser einteilen. Das Wenige noch besser einteilen…!? Wenn die wüssten, wie viel ich jetzt noch zum Leben habe. Nach Abzug aller Überweisungen bleiben mir pro Woche 28,77 Euro zum Überleben. Und das in einer so teuren Großstadt wie München. Es ist leider, wie gesagt, zum Leben zu wenig und zum Sterben zu viel. Die Mehrwertsteuer, eigentlich eine Verbrauchssteuer, trifft uns Arme bei jedem Einkauf voll. Wir können sie ja nirgends absetzen. Und es wird bestimmt nicht besser: Demnächst wird sie gesenkt (16%) um Ende des Jahres wieder erhöht zu werden. Bei den derzeitigen öffentlichen Ausgaben und Schulden(Corona!).

Rund 9200 Münchnerinnen und Münchner im Alter von mehr als 70 Jahren stufte übrigens der neueste Bericht der Creditreform als überschuldet ein. Die „SZ" meint dazu: Die Gründe dafür liegen auf der Hand: „Mit Renteneintritt reduziert sich das Einkommen der Beschäftigten zwischenzeitlich massiv, der Lebensstandard während des Erwerbslebens ist nicht mehr zu halten, finanzielle Verpflichtungen können oftmals nicht mehr bedient werden, Zinsen und Kosten erhöhen die Forderungen." Wenn Erspartes überhaupt vorhanden sei, dann sei dies meist in einem überschaubaren Zeitraum aufgebraucht, Lebensläufe mit Arbeitslosigkeit, Krankheit, Familienzeit und Teilzeitberufstätigkeit führten oft zu einer monatlichen Rente, die zum Leben nicht ausreicht, meint auch die Münchner Sozialreferentin D. Schiwy.

Was kostet eigentlich eine Einäscherung? So sei es mir erlaubt, hin und wieder eine kleine finanzielle Aufbesserung, d.h. Arbeit, zu übernehmen. Sie sollte so groß sein, dass es das Sozialamt zähneknirschend goutiert. Mäzene, bitte melden!!

Durch Zufall habe ich, bei einem Besuch der Caritas, erfahren, dass es auch dort die Möglichkeit gibt, zu Mittag zu essen. In einem schönen, großen Saal habe ich ein paar Mal mittags ein Essen bekommen. Die Konsequenz für mich: Ich glaube, ich hätte doch Koch werden sollen! Hermann Hesse meint dazu: "Jedem Anfang wohnt ein Jammer inne!" Er muss es ja wissen, und ich lerne dazu.

## Meine Banküberweisungen

Treibe mich mal wieder in den Räumen der Stadtsparkasse herum. Überweisungen, was sonst, tätigen. Die normalen zuerst: Strom, „nur" 79 Euro pro Monat, Telefongebühren von 59 Euro und die Gebühren für die Zeitung, nur 64,90, und verschiedenes mehr. Zuerst hat mir das Sozialamt 425 Euro überwiesen, ein paar Jahre später hat die Stadt München nochmal 10 Euro draufgelegt, Anfang des Jahres wieder 14 Euro. Mehr erlaubt der Staat nicht.

Das ärgert auch die derzeitige Münchner Sozialreferentin Dorothee Schiwy: „Was mir fehlt, ist die Einführung regionaler Regelsätze!" Die Diakonie, zum Beispiel, würde monatlich 560 Euro für Großstädte vorschlagen. Die SPD schlägt dagegen das sogg. Bürgergeld vor: In bestimmten Fällen soll dies Regelungen beinhalten, mit denen bei speziellen Bedarfen und Härten begegnet werden kann; zum Beispiel für den Fall, dass plötzlich der Herd kaputtgeht und gleichzeitig die alte Winterjacke nicht mehr zu reparieren ist. Ob ich das noch erlebe? Noch ist es nicht soweit, die CDU wird das übrigens auch nicht gerne hören aber zu verantworten haben, Diese Christlich (!) Demokratische Partei hat halt nur ein Herz für Gutverdienende. Wir in Bayern sind ja auf die Christlich Sozialen angewiesen. Was für ein Unterschied???

Es heißt ja, Ratenzahlungen sind einem Sozialhilfeempfänger nicht zuzumuten. Sagt das Sozialamt. Dass ich nicht lache. Zumutbar ist uns Armen eigentlich alles oder selten nichts. Seit längerem zahle ich meine Schulden bei der Hypo-Vereinsbank ab. Man glaubt es nicht: mit monatlich 20 Euro. Meine Schulden, eine Konkursmasse, belaufen sich auf ca. 100.000.Euro. Das heißt im Einzelnen, ich müsste alles auf Heller und Pfennig zurückzahlen (Auf Neudeutsch: Cent und Euro!).

In 5000 Monaten: Das sind ja „nur" noch gute 42 Jahre, dann ist alles abbezahlt. Dann bin ich aber erst 125 Jahre alt und auch eine Antiquität. Wie gesagt, ich will ja ewig leben. Dann sperrt mich die Schufa nochmal drei Jahre! Natürlich hätte ich dann eine reine, weiße Weste. Nur einen Kredit bekommt man, so oder so als Rentner, nicht mehr. Ich finde, man müsste dem, der die „Schufa" erfunden hat, einen Platz in der Hölle (Siehe: Hölle, Hölle!) reservieren. Hurra, ich bin dann unsterblich, das heißt, ich gehe mit der „Friday for future" Bewegung in Rente. Ein Gutes hat das alles: Angela Merkel ist nicht mehr Bundeskanzlerin und Gauland samt Genossen (AfD!) sind alle tot.

Bis dahin habe ich mindestens 400 Bücher geschrieben und werde dafür den Literatur-Nobel-Preis bekommen. Ich arbeite daran. Wenn mir allerdings irgend Jemand 5000 Euro spendiert, könnte die Bank meine gesamte Schuld löschen. Leider bin ich dann nicht mehr unsterblich. Und so zahle ich, weiterhin Monat für Monat 20 Euro, bis die Schuld (nicht) beglichen ist...!

## Die hohen Stromrechnungen

Der Monat ist rum, und die ersten Rechnungen flattern rein. Eine Stromrechnung zum Beispiel, „nur" über satte 85.Euro. Wer braucht schon Strom? Einen „Grünen Strom", möglicherweise?

Was macht man, wenn einem der Strom abgestellt wird? Sicher nichts, oder? Klar, da gibt es schon ein paar Möglichkeiten: zahlen zum Beispiel oder mit Kerzen die Nacht zum Tag machen. Ich habe die Caritas gebeten, sie soll mir doch einen „Fachmann" schicken. Mein Stromverbrauch ist einfach zu hoch. Das wusste ich auch schon ohne den „Fachmann". Mieter in meinem Haus, nämlich die, die dieselbe Wohnung haben, zahlen nur gut die Hälfte!

Einer von den Stadtwerken hat dann festgestellt, wo, wie und wann man sparen kann. LED-Systeme zum Beispiel benützen. Zuerst die vier Deckenstrahler (Halogen!) auswechseln. Nur, ich muss die neuen Lampen auch bezahlen können. Bisher hatte ich einen Plasmafernseher, einen richtigen Stromfresser. Dann hatte die Industrie 2018 einen genialen Einfall: Alle Radios, Stereoanlagen und Fernsehgeräte müssen (!) von analog auf digital umgerüstet werden. Sonst bleiben sie stumm. Die ideale Nachricht für einen armen Sozialhilfeempfänger: Er darf wieder Geld ausgeben und das so schnell wie möglich. Ja, wo hernehmen und nicht stehlen? Da könnte man ja erwischt werden!

Man möchte es nicht glauben, mein alter Fernseher fraß zu viel Strom, der Kühlschrank, eine Aquariumlampe, der Geschirrspüler auch, der Herd und die Glühbirnen sowieso. Aus Gram darüber hat mein „Backofen" kurze Zeit später seinen Geist aufgegeben. (Siehe Tagebuch; Herd!) Klar, wenn ich alle Geräte auswechsle, spare ich Strom. Ich bräuchte bloß einen Mäzen, der einem armen Sozialhilfler dann eine monetäre Freude macht. Werde eine Anzeige aufgeben! Derzeit ist meine Stromrechnung immer noch bei 78 Euro, obwohl mir monatlich 8 € (?)

erlassen werden. Ist das nicht großzügig? Gebe gerade eine Bekanntschaftsanzeige auf: „Reiche Frau gesucht…!"

Hier ein Zeitungsbericht dieser Tage: Strom sparen lohnt sich nicht mehr! Derzeit zahlen Kunden, die wenig verbrauchen, relativ betrachtet immer mehr für ihre Energie, während Kunden, die vier bis fünfmal so viel Strom verbrauchen, besser davonkommen. Im Messegeschäft, in dem ich früher tätig war, wird mit dem Strom nicht gekleckert, sondern so richtig geklotzt. Wie ist es denn bei denen heute, nehmen die nun „grünen" Strom oder bleibt es so, wie es immer war?

Die Gründe sind mal wieder komplex. Die Netzbetreiber reagieren u.a. darauf, dass immer mehr Verbraucher ihren eigenen Strom verbrauchen (z.B. Solaranlage auf dem Dach!). Also holen sich die Vertreiber die entgangenen Einnahmen wieder, indem sie die Grundkosten erhöhen. Natürlich ist es eine „sozial ungerechte" Entwicklung und ein weiterer Beweis dafür, dass es eine Reform der Steuern und Umlagen im Energiebereich geben muss. Hauptsache, meine Stromgebühren werden Ende des Jahres nicht mal wieder erhöht!! Besser wäre es sicher, nach einem günstigeren Anbieter zu schauen oder nach einer reichen Frau mit einer Photovoltaikanlage auf dem Dach!?

Das mit dem günstigen Strom habe ich auch schon versucht, der wurde mir nach ein paar Jahren von einem Anbieter aus Berlin gekündigt. Man glaubt es nicht: weil sie keinen Strom mehr nach Bayern transportieren können oder dürfen. Sachen gibt's! Übrigens, heute kam nochmals ein Spezialist der Stadtwerke und hat meinen alten Stromzähler ausgewechselt, kostenlos! Der alte funktionierte nicht mehr richtig. So bin ich per Zufall dabei und gehöre so zu den ersten Kunden mit einem neuen Stromzähler. Hoffentlich wirkt sich dies nicht auf meine viel zu hohe Stromrechnung aus!?

.Alle Münchner bekommen in den nächsten zehn Jahren neue Zähler. Die sind übrigens auch noch kostenlos!

## Das Arbeitslosengeld

Woher kommt eigentlich der Begriff: „öffentliche Hand"? Ich habe mich schlau gemacht. Dieben wurden im Mittelalter in aller Öffentlichkeit die rechte Hand abgeschlagen. Wenn sie das damals gewusst hätten, dass der Staat hilft, insoweit es ihn schon gegeben hätte, hätten sie bestimmt nicht geklaut, sondern Sozialhilfe beantragt!

Tja, der Staat als Gouvernante definiert sich heutzutage neu als das, was er als das Beste für seine Bürger sieht, auch gegen deren Willen. Böse gesagt: Der Staat zahlt zwar weniger Arbeitslosengeld, aber er sorgt auch gleich dafür, dass seine Bürger ein längeres, weil gesünderes (?) Leben in ARMUT führen können, dem „Nanny State"! Denn wer länger lebt, ist auch länger arm.

Wie gesagt, ich lebe, wie gesagt, von den 432 Euro monatlich und die zahlt der Staat, der Steuerzahler möglicherweise. Ein Häftling kostet den Staat 40.000 Euro im Jahr. Ein Harz-IV-Empfänger nur 10.164 Euro. In Schottland dagegen wird eine Kuh mit jährlich 12.000 Euro subventioniert. Wenn wir in „Made in Germany" mit 13.000 Euro veranschlagt würden, wären wir immerhin wertvoller als ein Stück Vieh. Das hat doch auch etwas, nicht? Man kann es auch so sagen: Bei uns ist noch reichlich Luft nach oben.

Dabei sollte Armut nicht durch Spenden, sondern durch Investitionen beseitigt werden. Auch eine Folge der Zivilisation: Gar mancher Kreislauf wird zum Kreuzgang. Man sieht sie nicht, die Armut, aber man spürt sie! Zum Beispiel in den Medien, dem Fernsehen. Das öffentliche Interesse ist da. Und bleibt dann doch nur ein Thema unter vielen.

Lotto spielen könnte meine Probleme lösen, tja, wenn die Gewinnmargen nicht so minimal wären: Diesmal sind 27 Millionen im Jackpot. Wenn die mich „gewinnen" lassen würden, also, ich wäre schon mit 100.000 Euro zufrieden.

„Denn wo die Armut aufhört – fängt die Habsucht an“,
meinte schon vor ewiger Zeit Honore de Balsac. Die
Vergangenheit war damals auch nicht viel besser, glaube
ich, als heute im Jahr 2020 nach Christi Geburt.
Großbritannien möchte übrigens raus aus der EU. Brexit
nennt man das heute – ich glaube, den benötige ich auch
in meinem speziellen Fall! Raus aus der Sozialhilfe,
jawohl!

## Hobbies und Verkäufe

Tja, wer die ganze Nacht schläft, hat auch am Tag Anspruch auf etwas Ruhe. Am Mittag habe ich sie abrupt beendet und ein bisschen in meiner Wohnung herumgekramt. Zeit habe ich ja genug. In einem Regal habe ich sie noch entdeckt, die vielen Briefmarkenalben. Sie waren ein Hobby der Sechzigerjahre. Leider sind Briefmarkensammlungen sehr im Wert gesunken und daher schwer verkäuflich. Also auf bessere Zeiten warten.

Das sieht bei einer kleinen Sammlung alter Münzen, auf die ich auch noch gestoßen bin, schon anders aus. Ich habe sie mal geschenkt bekommen. Münzen würde ich auch heute noch gerne sammeln. Bin schon neugierig, was die zurzeit laut Katalog wert sind. Aber es ist so wie immer und überall. Die meisten sind aus Silber, teilweise 200 Jahre alt, aber nicht sooo viel wert. Eine allerdings, ein Taler, ist saumäßig teuer. Wenn, ja, wenn da nicht so ein Idiot von Vorfahre ein kleines Ringlein hätte anschweißen lassen. Ohne den bekäme ich bei einem Verkauf ca. 14oo Euro, jetzt nur noch 20 € für den Silberwert! Davon könnte so ein armer Rentner wie ich nicht lange leben

Ich hätte sie auch sofort verkauft, wie so viele Dinge, Bilder und Geschirr, z.B. mein Silberbesteck geht auch noch, dachte ich. Die Leihgeschäfte haben mir was Anderes erzählt. Auch beim Verleihen ist eben nur das Beste gut genug! Nur wertvolles Porzellan und Pretiosen, Gemälde auch, das kaufen oder beleihen sie. Noch behalte ich meine wenigen Wertsachen, wer weiß, wann noch schlechtere Zeiten kommen, jetzt in dieser elenden Coronazeit.

Öfter muss ich Wohnungen alter Rentner auflösen. Manches davon kann man verkaufen. Leider hat vieles nur einen Preis, aber keinen Wert! Und so habe ich manches, was bei einer Wohnungsauflösung noch so anfällt, zum „Weißen Raben" geschleppt. Aber die sind ja so vornehm, (Caritas eben!) sie nehmen nur das Beste. Also doch ab in den Wertstoffhof zum Entsorgen. Reichtum verpflichtet!?

Meine Hobbies verteilen sich derzeit auf das Tanzen, Lesen, Fahrrad fahren und, natürlich, das Kochen. Hat auch was Sinnliches. Eine große Freude wäre es, wenn ich eine Runde netter Leute zu einem Spieleabend zusammenbringen könnte. Weil ich doch so gerne mit Freunden spiele, schade, schade. Dass ich früher ein leidenschaftlicher Theatergänger war, nehme ich derzeit nur noch am Rande wahr. Und wie wäre es denn mit einem klitze kleinen Urlaub!?

Übrigens, Gott sei Dank haben alle lieben Mitmenschen, der Coronakrise zuliebe, derzeit dasselbe Problem. Wir bleiben einfach mal alle zu Hause.

## 5. KAPITEL: Diverses

## Kleidung, nichts als Kleidung

Meine alte Jeans ist kaputt. Und wie immer bei alten Hosen an den Knien. Dort ist sie schon mal repariert worden. Also wird gestopft und zugenäht, wie sich das so gehört. Früher hätte ich sie weggeworfen. So läuft man doch nicht herum wie ein Arbeitsloser. Heute hat sich das alles geändert. Wir leben in einer Zeit, in der wir die alten Maßstäbe verloren haben und noch keine neuen gefunden haben. Dabei wird es uns, auch mir nicht, gar nicht bewusst, dass wir in Deutschland über eine Million Tonnen an Kleidung wegwerfen. Davon kommen 40 Prozent in die Tonne und Rest geht in Entwicklungsländer. Was für eine Verschwendung! Wenn ich eine „neue" Hose kaufe, die mit einer Schere massakriert wurde, man glaubt es kaum, für die zahlt man mehr als für eine „ordentliche". Ich hätte die alte, kaputte Jeans nicht reparieren lassen sollen. Der das jetzt ausgebessert hat, hat mir erzählt, in seiner Heimat Iran zieht man solche so nur zur Arbeit an. Der „Inhalt" ist logischerweise dann voll Flecken und Arbeitsschweiß. Wie das ebenso ist bei einer körperlichen Tätigkeit. Die jungen Leute von heute haben vom Arbeitsschweiß weder gehört noch gelesen. Man zieht sie an, so wie sie ist, überall, auch im Büro. Das ist jetzt leider auch in Teheran so!

In der Tiertafel, bei den Obdachlosen, da würde ich so nicht auffallen: alte zerrissene Jeans, ungewaschen, nicht rasiert, und das Hemd sollte schon hinten heraushängen. Es ist trotzdem immer noch erstaunlich, welchen Eindruck man heute auch in einem Anzug macht. Irgendwie ist es schade, dass heutzutage auf eine gewisse Eleganz so wenig Wert gelegt wird. Schaut man auf die Straßen, es sehen alle gleich aus, die gleichen Jeans, Turnschuhe und Jacken – eigentlich schade. Als Sozialhilfler muss man, (muss man nicht!) sich leider anpassen. Nicht, dass einem die Umwelt noch für einen Großinvestor hält. Tja, eigentlich hätte ich die Hose nur waschen, mit der Schere malträtieren und für viel Geld verkaufen sollen. Ein paar Tage kann man auch davon leben. Verflixt und zugenäht aber auch!

Wenn ich ins Sozialamt „gerufen" werde und meinen besten Anzug anhabe, dann bin ich mir sicher, dass ich u.a. in Null-Komma-Nix meine Taschen leeren muss. Darum: immer die ältesten Klamotten aus dem Keller holen, sie auslüften und dann bereithalten. Gesinnung und Klamotten sollten schon übereinstimmen. Dann glauben sie dir auch im Amt alles.

Dabei geht es uns Sozialhilfe-Empfängern doch richtig gut? Na, na, jetzt aber nicht übertreiben. Die gebrauchte Kleidung zum Beispiel bekommt man von der Kleiderkammer der Caritas, das Essen, welches die Supermärkte eigentlich wegwerfen wollten, spendiert die "Tafel". Tja, Money, also das bekommen wir am Ende eines jeden Monats „reichlich" vom Sozialamt: 432 Euro. Ich muss es immer wieder erwähnen, dieser Armer-Leute-Sold ist wirklich beschämend, wenn man in einer so reichen Stadt wie München leben muss!

Also, am Ende eines jeden Jahres nimmt uns die Gesellschaft ja wieder zur Kenntnis: der "Adventskalender" der „Süddeutschen Zeitung" zum Beispiel. Ganze Seiten füllen sie mit unserem Elend. Ist Weihnachten herum und die Spendenfreudigkeit erloschen, dann werden wir auch ganz schnell wieder vergessen. Warum unser Pfarrer jedes Jahr beharrlich eine Spende von mir zur Renovierung der Kirche will, er und der liebe Gott weiß das, ich weiß es nicht.

## Der Winterschlussverkauf

Jetzt im Winter hätte ich einen neuen Mantel brauchen können. Neue Kleidung kann ich mir eigentlich nicht leisten. Also spare ich in der Not! Früher, vor Hartz IV, (Gerhard Schröder!) hatte man als Sozialhilfeempfänger einmal im Jahr den Anspruch, beim Amt neue Winter- oder Sommerkleidung beantragen zu können. Das waren noch Zeiten. Das Essen hole ich mir derzeit von der „Tafel". Das Duschen entfällt, waschen nur an Feiertagen (Rentnerduft!). Was, bitte, soll ich noch tun? Ist dies alles nur ein Problem, das nur wir Armen lösen sollen? Die einen fordern wegen uns dauernd neue Regeln und die anderen, die Gutbetuchten, ignorieren dies rücksichtslos. Sie betrifft das alles nicht, klar.

Die Caritas in meiner Nähe hat eine Kleiderkammer mit gebrauchten Kleidern. Also nichts wie hin. Sie verschenken sie auch, wenn sie denn passen. Es war dort alles übervoll, ordentlich und auch gereinigt. Leider war nichts für mich darunter. 192 cm Länge sind nicht leicht einzukleiden. In den Kaufhäusern hatte ich früher schon so meine liebe Not. Bin ich zu spät dran beim Kauf einer bestimmten Hose, einen Anzug oder Mantel, war er schon weg. In meiner Größe gab es immer nur wenige Alternativen.

Der Winterschlussverkauf hat es damals auch nicht gebracht. Also sparen und dann einen neuen Mantel kaufen. Das heißt bei mir: dieses Jahr sparen und nächstes Jahr kaufen, logisch, nicht... Die Hilfsorganisationen mögen mich ja nicht. Da kommt nichts außer Mitleid. Vom Sozialamt gar nicht zu reden. Das haben wir alles, wie schon mehrfach erwähnt, dem Ex-Kanzler und Putin-Freund Schröder zu verdanken. Das regelt jetzt alles Harz IV, das hat er wirklich geglaubt. Klar! Und wie soll die so durch Schröders Agenda dezimierte SPD ihre Wähler zurückbekommen? Er hat es immerhin geschafft, bei uns Europas größten Niederlohnsektor zu installieren. Wo sollen sonst in

Zukunft die vielen Sozialhilfeempfänger mit Grundsicherung auch herkommen!? Werden eben Wähler für die AFD, die freut's.

Jetzt braucht ich auch keine neue Sommer- oder Winterkleidung mehr, sowie Möbel und diverse Geräte, die ausgefallen sind, es reicht halt nicht. Regelt alles nicht mehr Harz IV. Bis heute, gell!? Ich habe es in einer Zeitung gelesen: jeder Sozialhilfeempfänger soll in Zukunft sogar 250.Euro pro Jahr für neue Anschaffungen bekommen. Wer's glaubt?

Derzeit stellt sich ja für mich eine ganz andere Frage: Wird der Konsum wieder einmal nach der Coronapandemie noch so richtig Spaß machen? Wird er oder wird er nicht…!? Die Nation hätte darauf gerne eine Antwort!


## Alles über Elektro-Geräte

Ein stinknormaler Haushalt, und dazu rechne ich auch meinen, hat eben heutzutage auch mehrere Elektro-Geräte. Sie sollten schon eine längere Zeit funktionieren. So war es früher. Waren sie kaputt, dann konnte sie auch jemand reparieren. Das gibt es heute nicht mehr oder ist einfach zu teuer. Das Zeug wird heutzutage von der Industrie so hergestellt, dass es eher früher als später seinen Geist aufgeben muss. Oder man montiert sie so, dass man sie nicht mehr für eine Reparatur öffnen kann. Plastik sei Dank.

Jetzt habe ich meine kaputte alte Kühl-Gefrierkombination gegen eine neue ausgetauscht. Das Sozialamt meinte damals, das braucht man nicht als Rentner. Dann ging auch noch der Herd kaputt. Braucht man auch nicht, so die Organisationen, die ich in meiner Not angerufen habe. Der „Adventskalender" der „SZ" war auch dieser Meinung. Der Fernseher muss jetzt auch unbedingt digital sein. Das Radio auch, wie die ganze Stereo-Anlage, alles reif für den Müll, weil nicht digital.

Jetzt ist der Geschirrspüler dran, er ruft schon seit längerem um Hilfe! Für Faule wie mich ist er unverzichtbar. Mal schauen, vielleicht werden die noch repariert? Oder lebe ich eigentlich nur für diesen Schrott? Anscheinend schon. Man ersetzt die Geräte nicht so leicht, wenn man kein Geld hat! Und sind sie dann endlich alle neu, dann geht das Spiel wieder von vorne los. Was bin ich doch froh, die Industrie so unterstützen zu dürfen.


**Ein Herd, kein Herd!**

14 Tage vor Weihnachten, es ist immer noch Advent. Alle Freunde fragen mich; Gibt's die wieder, wie jedes Jahr, deine guten Plätzl? Eigentlich schon. Nur mein Herd, der treue Gefährte, hat gerade jetzt seinen Geist aufgegeben. Wenn ich wüsste, wie ich zu einem neuen oder auch gebrauchten (?) komme?

Als ich damals mit einem neuen Kühlschrank so meine Probleme hatte, hat mir jemand das Geld vorgestreckt. Dummer weise auf mein Konto. Das Sozialamt fand das gar nicht gut und verurteilte mich zu einer für mich immensen Strafe: 1.700 Euro. Die sollten eigentlich sofort fällig werden. Barmherziger weise hat das Amt sie verschoben bis zu dem dann bei mir beginnenden Reichtum? Was tun? Wo ich doch so gerne koche, backe.

Es soll da Organisationen geben, die helfen. Die Caritas ist mal wieder nicht zuständig. Einen Herd können sie mir nicht besorgen – aber wir wäre es mit der Armenspeisung? Mittagessen gratis in angenehmer Gesellschaft? Lieber nicht. Also versuchte ich es mit der „Süddeutschen Zeitung". Der „Adventskalender für gute Werke" hilft denjenigen Menschen aus der Nachbarschaft in München und der Region, die der

Hilfsbereitschaft ihrer Mitbürger das ganze Jahr bedürfen. Menschen mit ernsten finanziellen Problemen wie z.B. uns Alte. Sie lehnten mich ab. Wahrscheinlich habe ich noch genügend Lebensmut. Wir geben nix! Kein gutes Werk! Ich wollte doch kein Geld, nur einen Herd. Das Problem ist: Ich hatte vor 14 Jahren Schulden gemacht. Aber Schulden haben heißt ja nicht, ewig schuldig zu sein! Oder doch? Wie gesagt, ich wollte nur einen Herd – aber niemanden, der meine Schulden bezahlt. Da hört anscheinend die Hilfsbereitschaft auf.

Es geht halt nichts über eine zwar gute, aber arrogante Zeitung. Seit 30 Jahren bin ich Abonnent der „SZ". Aber wenn ich sie als Sozialhilfeempfänger monatlich nicht bezahlen kann, kündigen sie mir. Seit dreißig Jahren beziehe ich schon die Zeitung. Aber die spielen da scheinbar keine Rolle. Ich wollte immer schon wissen, warum gibt es für Studenten ein ermäßigtes Abo für arme interessierte Leser (Rentner!) nicht?

Vor Weihnachten war also keiner für ein gutes Werk zuständig. Immer wieder wird mir erklärt: Ein Schuldner bekommt keine Hilfe. Der braucht auch nichts, keinen Herd, keinen Kühlschrank, keine Winterkleidung u.ä.. Der lebt sowieso von der Hand im Mund und ist das inzwischen auch so gewohnt. Man könnte dann auch auf der Straße leben, als Alternative sozusagen. Dann kann man sich den Herd sparen.

Also, ohne Herd keine Plätzl. An den Feiertagen wird es ungut. Reste von der Tafel habe ich schon geholt. Aber ein Festtagsbraten sollte es schon sein. Also bin ich auf eine glorreiche Idee gekommen: Die Nachbarn waren für ein paar Tage weg und ich durfte ihren Herd benützen. Blöder geht's wohl nimmer. Drüben kochen, inklusive Vorspeise, bei mir essen! Oh, du fröhliche, oh du selige Weihnachtszeit! Vierzehn Tage später, nach den Festtagen, hat mir doch ein lieber Mensch einen gebrauchten Herd spendiert.

Die Frage habe ich mir schon öfter gestellt: Wird mir der Konsum irgendwann mal wieder so richtig Spaß machen? Und dann selbstverständlich sein?

## Die ständigen Telefonprobleme

Das Telefon ist mal wieder gesperrt. Natürlich kurz vor dem Ersten. Nicht dass ich das Telefon dringend bräuchte, aber so ein paar Gespräche mit guten Freunden sollten es schon sein. Das kann bei mir dauern, das mit dem Bezahlen auch, 3, 4 Tage oder auch länger. Es kommt halt auf meine „Einnahmen" an. Das ist schon fad.

Eine Idee hätte ich: Dauernd fliegen draußen Tauben rum. Am Fenster vor meinem Schreibtisch sitzt seit kurzem immer dieselbe Taube, bleibt auf der Fensterbank eine längere Zeit sitzen und schaut mir so beim Schreiben zu. Tagelang, immer zur selben Zeit. Wenn ich sie fangen könnte, ich würde sie glatt zu einer Brieftaube umerziehen. Kaum hatte ich diesen Satz eingetippt, kam sie nicht mehr. Die blöden Viecher lassen sich nicht einmal mehr von meiner Katze fangen. Dabei werden sie von ihr doch nur verspeist! Zur Strafe bekommt meine Katze drei Wochen lang nichts zu fressen. Mäuse fangen wäre ja für sie eine von mehreren Möglichkeiten oder bei anderen im Haus betteln. Aber mir hört ja keiner zu. Dabei treibt sie sich auch noch stundenlang auf der Straße herum!

Hurra, das Telefon geht wieder – bis zum nächsten Mal. Vielleicht sollte ich doch regelmäßig zahlen und die Taube in Ruhe lassen. Dann kommt sie sicher wieder.

Das Neueste auf dem Markt ist eine Box (Fritz-Box). Seitdem mein Telefon dieses Gerät braucht, funktioniert alles öfter nicht. Natürlich bin ich sofort geschockt: Habe ich wieder mal die Telefongebühren nicht bezahlt? Stimmt diesmal nicht! Und dann dauert es doch Tage, bis ich bei der Technik das Problem lösen und wieder telefonieren kann. Aber man glaubt es nicht, dieses Gerät streikt öfter: Kein Telefon keine Gespräche und auch kein Internet. Also habe ich nach einiger Zeit beim Anbieter angerufen. Die kennen inzwischen das Problem und lösten es meist null Komma nix. Freunde wundern sich allerdings, dass ich zu „M-net" gegangen bin. Den besten Ruf haben die nun mal nicht.

Jetzt haben wir Corona-Virus-Zeit, eine sehr eigenartige Zeit!

Wie gesagt, alles ändert sich. Ich habe zum Beispiel keine Arbeit und keine Einnahmen mehr. Wie soll ich beispielsweise nur die fälligen Telefongebühren pro Monat bezahlen? Also habe ich zuerst das Sozialamt um Hilfe gebeten. Unser Oberbürgermeister Reiter hat ja überall getönt, man soll in dieser Zeit, so gut es geht, den Armen und Bedürftigen unter die Arme greifen. Das haben aber nicht alle Organisationen, die die Stadt besitzt, gehört.

„M-net" zum Beispiel, die Münchner Telekommunikations-GmbH, denkt darüber aber ganz anders. Das Sozialamt hat mir ein Schreiben geschickt, welches meine Bedürftigkeit ausweist. Das wird bei denen reichen, meinten die. Nichts da! Es reicht hinten und vorne nicht. Auch in meinem beilegenden Schreiben an den Telefonanbieter habe ich dies nochmal unterstrichen. Warum habe ich mein Konvolut nicht gleich in die Toilette gespült! Von denen keine Antwort – das Telefon ist jetzt schon seit zwei Wochen gesperrt. Mit ihrem Schreiben, in dem mir mit einem Inkassobüro gedroht wird, wird dies auch nicht besser. Die erste Rate habe ich mir nun mit Mühe zusammengebettelt. Es reichte nicht. Wieder habe ich mich auf die Suche nach einem mildtätigen Menschen gemacht und den zweiten fälligen Monatsbetrag irgendwie zusammengestottert.

Natürlich hat dies dort keine Seele beeindruckt. Ich bin dann in ihren Serviceladen gegangen. Das ich auch immer so dumme Sachen mache! Der Mensch im Laden durfte mir natürlich auch nicht helfen. Das Telefon bleibt gesperrt. Obwohl die 2. Rechnung mit der Androhung, (Inkassobüro) bezahlt wurde. Blöd, wie ich nun mal bin, rufe ich im Servicecenter an. Eine Ausländerin teilte mir mit: Jetzt bin ich in Stufe vier (!), das heißt jetzt, wahrscheinlich komme ich gleich kurz vor den Schwerverbrechern. Denn die neueste Rechnung von diesem Monat ist auch noch nicht bezahlt. Wie auch, das Telefon bleibt weiter hin gesperrt – und ich habe immer noch keine Einnahmen und kein Geld! Auch der Kontakt zu meinen Freunden fehlt schon sehr.

Wenn man denen in den Zeitungen oder dem Fernsehen glauben kann, dann möchte man einem 79-jährigen Sozialhilfeempfänger mit Grundsicherung nicht so vereinsamen lassen. Noch dazu, weil ich ja alters mäßig in eine Risikogruppe falle. Übrigens, das Internet bleibt immer noch auch außen vor: Es ist immer noch gesperrt. Und ich bin immer noch gesund und zu allen Schandtaten bereit – trotz Mundschutz.

Vor ein paar Tagen hatte ich einen Termin bei meinem Rechtsanwalt. Als ich ankomme, schaut mich seine Sekretärin ganz erstaunt an: „Was ist denn bei Ihnen los, wir können Sie nicht erreichen. Der Termin wurde gestrichen. Wir haben es immer wieder versucht – Ihr Telefon ist gesperrt. Haben Sie das gewusst?“ Da fahre ich 30 km mit der S-Bahn und dann so was. Jetzt weiß ich auch, warum mich seit Wochen kein Mensch mehr anruft! Es war eine VOLL-Sperrung! (eine Vollsperrung ist, wenn mich niemand mehr telefonisch erreicht und ich auch niemanden mehr anrufen kann!)

Was war ich sauer – Wutentbrannt habe ich einen bösen Brief an unseren Oberbürgermeister geschrieben. Das hat er nun davon, mit seinem Verständnis für arme Leute.
Ich habe noch nie gehört, dass ein Telefon komplett gesperrt werden kann. Es ist auch nicht erlaubt!? Oder doch?

Die Pointe fehlt noch:

Am 2. Mai schreibt die „Süddeutsche Zeitung" in dem Artikel: „Digitale Geräte für alle!"…, dass es um Senioren geht, die kein Smartphone besitzen, ihre Kinder oder Freunde aber trotz Kontaktsperre (?) gerne sehen möchten, und sei es nur am Bildschirm. Technik gegen Einsamkeit. Um jene Menschen auch an der digitalen Kommunikation teilhaben zu lassen, hat man sich bei „M-net" (!!!) eine Spendenaktion überlegt: Wer Tablets oder Smartphones zu Hause hat, die noch funktionieren, aber nicht mehr gebraucht werden, sollen sie in die Rottmannstrasse in München schicken. Sie werden dort aufgemöbelt und an uns Arme verschenkt. „Wir wollen auch den Menschen eine Chance geben, sich miteinander zu vernetzen, die sonst außen vor wären", so die Pressesprecherin von „M-net", Svenja Kock!

Man glaubt es nicht: Sie wollen mir ein Tablet schenken, mich gleichzeitig in die „böse" Stufe Vier stecken und so das Internet samt Telefon sperren. Wie soll das gehen, wo ich doch sowieso schon außen vor bin? Aber mit uns Alten kann man ja solche Spielchen machen!

Ich bin damit auch an die Münchner Presse gegangen – aber für die war das alles wahrscheinlich nicht aufregend genug. Oder ich war nur einer von vielen, denen das Gleiche passiert ist.

Ja, ja, es sind schlimme Zeiten, derzeit. Irgendwie bin ich derzeit mit dem Hintern draußen und mit dem Kopf drinnen. Eigenartig.

Es ist sicher nur ein Gerücht: „M-net" soll in finanziellen Schwierigkeiten stecken?! Wenn, dann habe ich diese wohl vergrößert: Ich habe nämlich gekündigt. Jetzt geh ich halt zu einem anderen Anbieter. Vielleicht hat der ein Herz – wer´s glaubt???

Damit hört die unendliche Geschichte leider nicht auf – warum auch.

Die Antwort auf meine Kündigung war eine erneute Rechnung von „M-net". Natürlich war alles bezahlt, fast.

Jetzt wollen sie für die „Bereitstellung", was immer das auch bedeutet, immerhin nochmal 120.- Euro. Die müssen wirklich in finanziellen Schwierigkeiten stecken? Sie nehmen es von allen, ob Arm oder Reich, von den Armen scheinbar besonders gern. Dass ich Sozialhilfeempfänger bin, altersmäßig zu einer Risikogruppe gehöre und in Zeiten der Corona-Pandemie den Kontakt nach draußen dringend brauche, hat sie nicht besonders beeindruckt. Früher war ich bei der Telekom, mein ganzes Leben lang. Die haben das nicht einmal fertiggebracht. Und ich habe damals gekündigt. Kundenfreundlich waren sie aber auch nicht. Mein frühester Kündigungstermin bei M-net ist jetzt leider erst in einem Jahr. Genug Zeit für sie, mich weiter zu terrorisieren.

Na ja, brauche wieder mal einen Termin bei meinem Rechtsanwalt. Oder glaubt irgendwer, dass ich das auf mir sitzen lasse. Ob ich es nochmal mit der Münchner Presse versuche? Irgendwann könnte es ja interessant genug sein, meinen Aufschrei auch abzudrucken.


**Mein Computerelend**

Junge Leute und Handys – eine Einheit. Ohne die geht nicht´s mehr und nirgends. Irgendwie sehe ich dabei aus wie ein Außenseiter, denn ich kann weder mit einem Computer und schon gar nicht mit einem Handy richtig umgehen. Wenn ich mir vorstelle, wie viele Handys schon in meinem Schrank liegen. Die sind schon reif für das „Deutsche Museum". Als ich vor kurzem in eine bestimmte Schublade geschaut habe, habe ich alles Mögliche darin entdeckt, wie gesagt, mehrere Handys, aber auch Unmengen Kabel, Verlängerungen, Fotogeräte und auch alte Fernbedienungen. Die einen sagen, alles aufheben, man könnte ja das eine oder andere (div. Metalle z.B.) irgendwann Wider verwenden; die anderen meinen, wegwerfen ist die beste Möglichkeit. Wahrscheinlich entsorge ich dann in meinem Unverstand genau die Teile, die man wirklich einmal wieder braucht.

Also, so richtig bedienen gelernt habe ich ein Handy nie. Sei es, weil ich nicht damit aufgewachsen bin, sei es, weil es mir auch unsympathisch ist oder sei es, weil ich zu doof (!) bin, damit richtig umzugehen. Vielleicht habe ich ja auch nur den Verstand einer Stubenfliege!

Man traut es sich ja kaum, das laut auszusprechen. Mit dem Computer geht es mir genauso. Eigentlich verwundert das nun niemand mehr, oder doch? Wahrscheinlich bin ich auch irgendwie aus der Zeit gefallen. Dabei würde es mir schon reichen, wenn ich mit meinem Telefon plus Anrufbeantworter gut umgehen könnte. Man glaubt es kaum, aber jeder, der mich erreichen will, erreicht mich auch. Aber es ist einfach so, diese ganze Digitalisierung macht mir Angst.

Und immer wieder werden neue Geräte angeboten. Was die alles können! Ich frage mich schon des Öfteren, wie sind wir damals ohne dass alles ausgekommen? Nicht im Mittelalter, sondern in meiner Frühzeit, den 60-ern, wohlgemerkt. Gut, ich bin halt öfter mit einem Mädchen herumgelaufen, war ständig verliebt, und wir haben immer, wenn wir uns nicht sahen, stundenlange Telefongespräche geführt. Zum Ärger unserer Umwelt. Heutzutage laufen Jungs mit Mädchen und Handy oder I-Phone herum und kommunizieren auch noch gleichzeitig damit. Da kann man sich das Reden sparen, eine E-Mail erledigt so was sowieso.

Ganz schlimm wird es bei mir, wenn ich immer Jüngere fragen muss: Was macht mein Computer jetzt gerade – er wird doch nicht kaputt sein? Natürlich nicht, ich habe wieder mit meinem Ungeschick auf etwas gedrückt, was ich nicht brauche und wohin ich nie und nimmer hinwollte. Ich bin halt nur der Einzelmensch, den die Konzerne mit seitenlangen kryptischen Bestimmungen überfordert – weshalb ich einfach alles mit einem Klick resignierend akzeptiere. Korrigieren geht bei mir derzeit schon gar nicht. Aber das mit dem Schreien und Toben darüber klappt immer! Verdammt noch mal!

Es gibt da schon Möglichkeiten, das richtig zu lernen, etwa in manchen Alten-und Servicecentern. Auch hier pflege ich meine Ausreden: Ich habe ja noch etwas Zeit mit dem Lernen und benütze meinen Computer auch nur hin und wieder. Wir werden wohl nie mehr gute Freunde, er und ich. Wenn ich einen Profi frage, der erklärt alles so schnell, da komme ich nicht mit. In meinem Alter…!

Das Schönste ist ja, jeder von denen hat eine andere Vorstellung, wie das Ding konfiguriert werden soll. Ist das nicht richtig, ändert er es. Und der nächste Profi schlägt darüber die Hände über dem Kopf zusammen. Stehe meistens nur dumm daneben. Und bezahle das alles auch noch. Die Festplatte meines Rechners genügt nie, auch sonst könnte man noch dies und das ändern. Ein Laptop zum Beispiel besorgen, für unterwegs.

Es macht bestimmt keinen guten Eindruck, wenn ich das ganze „Zeug", meinen Computer plus Tastatur, mal voller Wut beim Fahren aus dem Auto werfen würde. Ich kann mich manchmal so ärgern, das reicht bis zum aus-der-Haut-fahren. Die Scheiben in meiner Wohnung sind derzeit diesbezüglich auch noch alle heil, obwohl, man weiß ja nie…!?

Übrigens, ich kann es noch bedienen, das Telex aus den fünfziger Jahren. Damit konnte man mit der ganzen Welt kommunizieren. Da schaut ihr, ihr Computer-Nerds, ha, ha!

Aber das ist nur die Rache eines alten Mannes... Eigentlich will ich es ja letztendlich verkaufen?

## Sozialamt: Fragen, nichts als Fragen

Hoffnung ist ein gutes Frühstück – aber ein schlechtes Abendessen. Und wieder ist eine „Einladung“ ins Sozialamt fällig. Nicht, dass ich gerne dort erscheine? So alle paar Monate passiert es aber doch. Aber zuerst Formulare ausfüllen und das nicht zu knapp: Wie viele Eigentumswohnungen in München gehören mir (?), ist die Villa in Spanien noch bewohnt usw. Sollte ich eigentlich mit Nein beantworten. Aber 2000 Euro an Bargeld sind erlaubt. Eigenartig? Von Jahr zu Jahr darf man mehr Bargeld im Strumpf hüten. Zurzeit sind es schon 5.000 Euro. Fünftausend Euro (!), ich habe doch nicht meine Großmutter verkauft?! Wie kommt man legal zu so viel Geld? Wenn ich das mit Ja beantworte, glauben sie`s auch noch. Wertgegenstände aus meinem Privatbesitz darf ich verkaufen. Sie hätten es aber gern gewusst, ich auch. Irgendwie wissen die jetzt mehr über mich, als ich in über 70 Jahren über mich erfahren habe.

Bei den Unterlagen war auch ein besonderes Formular: "Geben Sie bitte genau an, mit wie viel Einnahmen Sie im nächsten Jahr rechnen können". Nichts leichter als das, ich weiß ja nicht einmal, was ich die nächsten Tage zum Essen habe. Schätzen könnte ich das schon? Wehe, der Verdienst wird zu hoch. Dann wird abgezogen, und das nicht zu knapp!

Mit einem mauen Gefühl im Bauch brachte ich dem „netten“ Herrn Sozialverwalter meine Unterlagen mit, nur, das Amt ist wieder mal umgezogen. In ein anderes Viertel. Also suchen und endlich finden: das Haus und den richtigen Raum. Und wie immer bin ich zu spät dran. Es hat mich auch nicht gewundert, die Hälfte meiner Unterlagen waren mal wieder falsch ausgefüllt! Der Inquisitor schüttelte nur den Kopf, das war wohl nichts. Freunde werden wir wohl nicht mehr werden. Dabei fällt mir ein. Die netten Leutchen von der Tafel behandeln uns alle wie Gäste. Und die im Sozialamt …?

Also raus aus der Hütte, heim auf schnellstem Weg. Und was sehe ich vor unserem Haus: mehrere Feuerwehrautos, die Polizei und natürlich die lebensnotwendigen Schaulustigen. Es war dann doch nicht so schlimm: Im Keller brannten mehrere Stromzähler.

Seitdem sucht uns mehrmals jährlich ein Feuerwehrpolizist heim, im wahrsten Sinne des Wortes. Was der alles beanstandet: keine Pflanzen mehr im Treppenhaus, die Bäume vorm Haus kastrieren, Fahrräder aus der Durchfahrt entfernen, usw. und so fort. Dabei hat es bei uns vorher noch nie gebrannt, bis auf diesen kleinen Schwelbrand im Keller. Und die Pflanzen stehen auch schon seit Jahren im Treppenhaus. Kein Mieter hat sich bis jetzt darüber beschwert. Dafür haben wir ja jetzt einen Polizisten… von der Feuerwehr.

Was ein Deutscher anpackt, macht er gründlich. Und ich mache mich an mein mageres Abendessen, meistens Reste von der „Tafel".

Man glaubt es kaum. Ein paar Tage später bekomme ich wieder alle Unterlagen zur Wiedervorlage zurück. Das Sozialamt! Ich weiß, eigentlich hätte ich alles genauer durchlesen sollen? Oder auch jeden „Unsinn" ausfüllen zu müssen. Aber ich weiß es eben nicht besser. Und wenn ich anrufe, wird alles nur noch schlimmer. Also ist meine Phantasie gefragt. Nur gut, dass wir das besprochen haben!

## 6. KAPITEL: Die „Münchner Tafel"

### Meine „Tafel"-Zeit

Der Monat geht dem Ende zu. Es ist so, wie es seit langem so ist: Die „Spende der Bundesrepublik Deutschland für arme Rentner (432.€) ist aufgebraucht. Zum Essen für die restlichen Tage des Monats reicht sie nicht. Also habe ich einem Freund mein Leid geklagt. „Warum gehst du nicht zur „Münchner Tafel"? meint er. Gesagt, getan – ich habe mich zuerst schlau gemacht. Eigentlich wollte ich nicht wirklich. Sich Essen holen, was in Supermärkten übrigbleibt? Noch eine Ausrede: Ich brauche es wirklich nicht, es wird auch so gehen? Dann spare ich eben an allem. Und geschämt habe ich mich auch ein bisschen, sich so Essen zu besorgen. Immerhin hatte ich das bis jetzt nicht nötig. Und dann wäre ich ja ein Armer unter Armen?!

Es ist schon eine Schande, dass in Deutschland, einem der reichsten Länder der Welt, 15 Millionen Menschen in Armut leben. 930 Tafeln mit insgesamt 60.000 ehrenamtlichen Helfern lindern in diesem wohlhabenden Land die größte Not. In München gibt es sie immerhin schon seit 1994 und hat inzwischen 27 Ausgabestellen mit 650 ehrenamtlichen Helfern. Sie verteilen an die 120.000 Kilo qualitativ meist einwandfreie Lebensmittel. "So schenken wir den Ärmsten unserer Stadt ein Stück Zuversicht, aus dem sie Kraft für die Zukunft schöpfen können", so die Sprecherin der „Münchner Tafel", Fr. Zacher.

Seit drei Jahren gehe ich nun schon hin, habe damals eine Nummer bekommen und bin nun einer von 140 (Nr.39). Wie gesagt, so einfach ist das immer noch nicht für mich. Mein Leben lang konnte ich für meinen Unterhalt sorgen, nun hat es damit aufgehört. Dass bisschen Stolz, das mir noch geblieben ist, rät mir ab. Und der Hunger zu.

Also, irgendwann ging ich hin, zum aufgelassenen „Alten Nördlichen Friedhof", in dem schon lange keine Toten mehr beerdigt werden, der letzte 1934. Dort ist in einer kleinen Halle, einmal die Woche, immer Donnerstag-Nachmittag, die Ausgabe mit abgelaufenen Supermarktprodukten. Nur beerdigt werden wir woanders. Bis meine Nummer aufgerufen wird, schlendere ich durch den Friedhof. Berühmte, aber auch normale Sterbliche wurden hier früher beerdigt. Alles Gräber mit schönen, alten Grabsteinen, verwittert im Lauf der Zeit. Und eine riesige, seltene Schwarzpappel gibt es auch! Die soll noch größer sein als der nahe Kirchturm. Gesucht und nicht gefunden.

Was macht man nicht alles, bis man drankommt. Oder die Leute mustern, wir sind nämlich keine Armen oder Taglöhner, sondern „Gäste"! Manche mehr, manche weniger schäbig angezogen, viele Ältere, ein paar Junge – auch Ausländer darunter. So sieht man aus, wenn man dazu gehört. Mit der Zeit bekommt man auch den einen oder anderen Kontakt. Schicksale, die man eigentlich nicht hören will. Die Bemerkung eines Jüngeren: "So sieht Gammelfleisch aus, wenn es noch lebt!" will ich schon überhört haben. Und dann komm ich dran. Jede Woche kommen andere „Gäste" mit ihrer Nummer als erstes dran, der Gerechtigkeit halber. Also Taschen raus – selten bekommen wir Fleisch- oder Wurstwaren, tja, man könnte Vegetarier werden. Und immer gibt es das, was man eigentlich sonst nicht kaufen würde. Manchmal auch etwas, was nicht mehr koscher ist, angefault zum Beispiel.

Ich mach mich davon wie die Pappel. Die existiert auch nur noch auf einer Schautafel. Wahrscheinlich hat sie sich bei Nacht und Nebel davongemacht. Aber grüne Blätter wird sie schon gehabt haben anstatt schwarze, gell!?

Wenn man sich das so richtig durch den Kopf gehen lässt: Auch ohne die Tafel landen 18 Millionen Tonnen Essen im Müll! Ein Teil kommt aus der Gastronomie, mehr als die Hälfte wird in Privathaushalten weggeworfen. 85 Kilo pro Jahr und Person. Mit dem weggeworfenen Brot z.B. könnte man ganz Österreich versorgen. Hoffentlich wollen die das auch, von uns „Piefkes"?

Arm sollte man nicht sein, in diesem Land! Das geht mir bei der Ausgabe durch den Kopf. Also, ein Viertel der Ware muss man sofort essen, es verdirbt sonst sehr schnell. Zwei volle Taschen trage ich meistens heim. Selten ist auch Attraktives darunter: Nudeln, Quark halt, Gemüse und Obst. Viel Brot, die Butter gibt's bei REWE! Ja, die Tafeln sind halt Orte, an denen die Verteilungssorgen der einen, berechtigt oder nicht, mit dem Hunger der anderen kollidieren. Wer will schon gerne arm sein in einem Land, das überall als reich gilt? Ich kann es schon nicht mehr hören. Die Empathie der Gesellschaft haben wir, nur die…!

Schon vor dem 2. Weltkrieg hat man Arme arm sein lassen. Laut Adolf Hitler dürfte es sie gar nicht geben. Lion Feuchtwanger beschreibt sie so: "Die Leute in einem Lokal waren meist Kleinbürger, Dreiviertel-Liter-Rentner, Drei-Quartel-Privatiers. Sie wurden so genannt, weil ihr Vermögen zu einem ganzen Liter Bier nicht reichte." Er hatte eben ein „großes" Herz! Und nach dem 2. Weltkrieg blieb die Armut. Sie versteckt sich, ist nicht mehr öffentlich, mehr verschämt. Mein Stolz hat es anfangs auch nicht zugelassen: Kleidung von der Kleiderkammer der Caritas und Essen aus Restbeständen von Supermärkten zu holen. Bin das erste Mal hin, zur Kleiderkammer, schauen halt, mit so einem komischen Gefühl im Bauch. Als wenn ich das nötig hätte!?

Also, nächste Woche bin ich wieder zur Tafel und die über übernächste auch und so fort, schon drei Jahre lang! Und das im Freien, bei Regen oder Sonnenschein. Dabei geht es nicht darum, dass man das bekommt, was man will, sondern um das, was man bekommen hat, ohne dass man das auch will. Und jedes Mal will ich es wieder ohne Tafel versuchen, bei nur 432 Euro im Monat? Im reichen München.

P.S. Jetzt, wo die Nation sich mit dem Coronavirus beschäftigt, sieht es so aus, dass die Supermarktregale leergeräumt werden und so für die „Tafeln" immer weniger übrigbleibt. Nicht, dass uns das sonderlich beunruhigen würde…!?

Unser wöchentliches Treffen im Alten Nördlichen Friedhof ist jetzt unterbrochen worden. Alle „Tafel"-Treffpunkte sind jetzt in der Großmarkthalle. Wir sind zu einer anderen Tageszeit dran und der Weg ist nun auch sehr viel weiter. Dafür wird auch warmes Essen ausgeschenkt. Trotzdem nichts für mich, wo doch so gerne koche. Manchmal sieht es so aus, als wenn wir mehr abgelaufene Waren als früher bekämen. Und dann sind wir doch wieder zurück im Alten Friedhof in Schwabing. Unter strenger Aufsicht stehen wir jetzt da: Abstand 1,50 bis zwei Meter und mit der FFP2 Maske. Natürlich!

Coronazeit – strenge Zeit!


## Die Tiertafel

Ich habe wieder mal einen guten Tipp bekommen. Irgendwer hat mich auf die Tiertafel aufmerksam gemacht: Du hast doch zwei Katzen. Natürlich bin ich hin.

Ja, wer die Tiertafel nicht gesehen hat, der hat München nicht gesehen. Jetzt weiß ich, was wirklich Armut ist! Diese Tafel ist eher ein Treffpunkt der Obdachlosen mit ihren Hunden. Sie haben selber nichts zu essen, aber hier holen sie sich das Dosenfutter für ihre Lieblinge ab. Für die würden sie alles tun, auch auf Essen verzichten. So wird aus Nächstenliebe Tierliebe.

In München gibt es nicht nur viele „Tafeln" (27x), sondern eben auch diese Tiertafel. Sie finanziert sich auch durch Spenden. Nun, ich hatte damals zwei Katzen, und die brauchen nun mal Katzenfutter und immer wieder neuen Streu. In einem alten Haus hat die Tafel eine Zuflucht gefunden. Wenn die Obdachlosen die nicht hätten, so einsam und allein wie sie sind. Daraus entwickeln sich auch viele Kontakte. Es gibt also doch noch eine Stufe unter den Sozialhilfeempfängern mit Grundsicherung: die Obdachlosen!

Ich kann es nicht glauben. Und sie tun mir sehr leid. Man möchte es nicht gesehen haben. Aber nach ungefähren Schätzungen der Stadtverwaltung soll es ca. 1.200 Menschen geben, die in München auf der Straße leben müssen. Davon holen sich regelmäßig an die 600 Personen Futter für ihre Tiere. Das ist viel. Noch viel mehr sind es in New York: Dort sollen, man glaubt es kaum, über 60.000 Menschen als Obdachlose auf den Straßen ihr Leben fristen. In einer der reichsten Städte der Welt! Das macht es auch nicht besser, hier in München!

Eigentlich wollte ich schon wieder gehen. Es sind natürlich nicht nur Obdachlose hier, aber bei uns anderen muss die Bedürftigkeit nachgewiesen werden. Nicht dass ich den Armen noch etwas wegnehme. Aber wenn ich schon mal da bin, bin ich auch rein in die gute Stube. Also zuerst die Unterlagen vom Sozialamt vorzeigen, ohne die bekommt man nichts. Auf riesigen Paletten lagert dort Futter für Hunde, Katzen, Vögel usw. Mit meinen Unterlagen vom Amt wurde ich in die Liste aufgenommen. Natürlich bekam ich mein Futter und die Katzenstreu, Für meine Katzen war es natürlich nicht gut genug(!), aber für ein paar Tage reicht es immer. Ich hätte es mir denken können!

Aber das mit den Obdachlosen ging mir nicht mehr aus dem Kopf. Es blieb auch der einzige Besuch. Man kann nachdenklich, auch demütig werden, es steckt an, ob man will oder nicht. Es ist schon wieder ein Grund, nicht immer so unzufrieden mit mir und meinem derzeitigen Leben zu sein.

## Die „Tafel" an Weihnachten

Weihnachten steht wieder mal sehr nah vor meiner Tür. Es war mal wieder „Tafel-Zeit". Dummerweise war ich von 140 „Gästen" der letzte. Irgendwie bildete ich mir ein: Zum baldigen Fest gibt es sicher was Besonderes. Das gab es auch für mich: ganze acht Orangen! Ja, wir hatten so viel für alle, dass wir, die Helfer, dachten, das reicht für alle. Gott sei Dank musste ich nicht noch beim Zusammenräumen helfen. Acht Orangen – was für ein tolles Weihnachtsgeschenk!

Ich fand mich in meiner Kindheit wieder. Es war 1946 und sehr kalt. Geheizt wurde erst abends. Der Christbaum sah wie eine Karikatur aus. Kerzen hatten wir keine, den Schmuck stellten wir in der Vorweihnachtszeit selber her. Acht Orangen gab es nicht, Geschenke auch nicht. Wir waren bitter arm, wie viele andere auch. Damals hat mich das nicht gestört. Für Sorgen war uns jeder Tag zu schade! Heute sehe ich das anders.

Da fällt mir eine Geschichte ein, die sich vor ein paar Jahren in Palestina, in Nazareth, zugetragen hat:

„In den frühen Morgenstunden wurden dort die Behörden von einem besorgten Bürger alarmiert. Er hatte eine junge Familie entdeckt, die in einem Stall haust. Bei Ankunft fanden die Beamten des Sozialdienstes, die durch Polizeibeamte unterstützt wurden, einen Säugling, der von seiner erst 14-jährigen Mutter, einer gewissen Maria H. aus Nazareth, in Stoffstreifen gewickelt in eine Futterkrippe gelegt worden war.

Bei der Festnahme von Mutter und Kind versuchte ein Mann, der sich später als Joseph H., ebenfalls aus Nazareth, herausstellte, die Sozialarbeiter davon abzuhalten. Joseph, unterstützt von anwesenden Hirten, sowie von drei nicht identifizierten Ausländern, wollte die Mitnahme des Kindes unterbinden, sie wurden aber von der Polizei daran gehindert.

Festgenommen wurden die drei Ausländer, die sich als
„weise Männer" eines östlichen Landes bezeichneten.
Sowohl das Innenministerium als auch der Zoll sind
immer noch auf der Suche nach Hinweisen über die
Herkunft dieser drei Männer, die sich anscheinend illegal
im Land aufhielten!

Das trug sich ganz sicher zu, im Jahre des Herrn 2007
(Zweitausendundsieben!) nach Christi Geburt!!


**Die Obdachlosenzeitung: „Biss"**

Immer wenn ich durch den Haupteingang von
„Karstadt" gehe, treffe ich davor oft eine sehr nette. ältere
Verkäuferin der Zeitschrift „BISS". Mit diesem Verkauf
wird Obdachlosen von einem Münchner Verein eine
Möglichkeit gegeben, wieder auf die Beine zu kommen.
„BISS" ist ein Zeitungsprojekt in München, das seit 1993
Bürgern in sozialen Schwierigkeiten hilft, sich selbst zu
helfen. Dieses Magazin, Deutschlands erfolgreichste
Straßenzeitung mit einer Auflage von 38.000 Stück, wird
monatlich von armen und ehemals obdachlosen
Menschen in ganz München für 2,20 Euro verkauft.
Wenn es mir möglich ist, kauf ich ein Heft.
Vor ein paar Monaten war die Verkäuferin ganz traurig.
Ihr treuer Weggefährte, ein kleiner Hund, war gestorben.
Da hat sie mir auch ihre Geschichte erzählt. Ich
bemitleide mich gerne, das Schicksal meint es zurzeit
nicht gut mit mir, das Geld reicht meist nicht zum
Unterhalt, und allein bin ich auch. Da trifft es sich ganz
gut, mal über das Schicksal anderer Leute nachzudenken.
Ja, wenn bei mir die Einsicht nur lange vorhalten würde!
Jetzt habe ich die alte Dame wieder getroffen. Aber
nicht am alten Platz vor dem Kaufhaus. Nein, vis-a-vis.
Vor einem anderen Laden. Sie konnte nicht mehr am
alten Platz vorm Karstadteingang bleiben. Es macht
plötzlich keinen guten Eindruck mehr, so neben dem

Haupteingang: Sie stört! Jetzt kommen auch nicht mehr so viele Käufer. Wieder mal ein Grund, mich darüber zu ärgern!

Sie hat übrigens eine kleine Wohnung und kann wieder ein bisschen am Leben teilnehmen. Jeder gönnt es ihr, nur der „Karstadt" nicht. Sie bettelt ja nicht und das hätte die Menschen, die ins Kaufhaus wollen, auch etwas nachdenklicher gemacht.

Jetzt hat sie schon wieder einen neuen Platz vor einem REWE-Supermarkt gefunden. Dort ist sie allerdings auch nicht wohl gelitten – sie muss weg! Tja, München ist eine kalte Stadt. Und Empathie ist oft nur ein Fremdwort aus dem Feuilleton, das auch immer rechtzeitig zu Weihnachten wieder hervorgekramt gekramt wird. Jawohl!

Was hätte sie wohl gesagt, wenn sie erfahren hätte, dass dieser „Kaufhof" ende diesen Jahres für immer geschlossen wird? Ist nicht mehr rentabel! Er wird einfach mal so, mir nichts dir nichts, abgerissen.


**Weißer Rabe"/Die Diakonie**

Hin und wieder bekomme ich den Auftrag, Wohnungen aufzulösen und Keller auszuräumen. Meist sind es Mieter, die ins Altersheim ziehen und nicht viel mitnehmen dürfen. Oder sie sind verstorben. Dabei kommen mir viele Sachen unter, die eigentlich eine gute Qualität haben. Sie sind viel zu schade zum Wegwerfen. Als Nachkriegskind habe ich da so meine Schwierigkeiten – wir haben nichts weggeworfen, weil wir nichts hatten zum Wegwerfen. Und so kann ich auch heutzutage nicht aus meiner Nachkriegshaut.

Also nehme ich den Herd, den Stuhl oder Schrank und bringe ihn dem „Weißen Raben", einer Organisation der kath. Kirche. Auch die Diakonie (evang.) nimmt vieles. Vor dem Eingangstor zeige ich ihnen, was ich anzubieten habe. Sie würden alles kostenlos bekommen. Also, diese ablehnenden Gesichter – ich muss mich an diesen Gesichtsausdruck erst noch gewöhnen. Leider fahre ich dann letztendlich mit meinen „Schätzen" doch zum nächsten Wertstoffhof und schaue enttäuscht zu, wie alles in einem Container zermalmt wird.

Ich versuche es ja immer wieder, ich kann nicht anders. Wenn ich einen Herd oder Kühlschrank brauche, muss ich ihnen den auch abkaufen. Eigentlich kein Problem bei 28,77 Euro die Woche? Oder doch?

Als ich einmal eine sehr elegante, große Wohnung ausräumen musste, kam die Caritas und holte die wertvollsten Teile ab. Der Auftrag: Den guten Rest sollte ich im Hof auf einen Haufen schmeißen. Es hat nicht viel gefehlt und man hätte von mir verlangt, das alles auch gleich anzuzünden!

Übrigens, jedes Jahr bekomme ich vom Priester unserer Pfarrei eine Aufforderung, ich möchte doch, wie immer, jedes Jahr etwas für die Renovierung der Kirche oder des Kirchturms spenden. Eigentlich bin ich ja nicht nur ein armer Rentner, sondern darüber hinaus auch eine katholische Karteileiche! Das muss denen glatt entgangen sein. Klar, komme auch gerne in die Kirche, zum Putzen! Spenden von einem Sozialhilfeempfänger, nein, das hätte doch was Obszönes. Findet ihr nicht auch? Die arme, arme katholische Kirche. Das Bistum München/Freising ist ja nur das zweitreichste in Europa (nach Köln!). Deswegen… Übrigens, muss ein Sozialhilfeempfänger nicht auch noch Kirchensteuer bezahlen? Oder das Sozialamt übernimmt sie? Nein, muss ich nicht, das Amt auch nicht. Das wäre ja noch schöner!

Übrigens, die Diakonie hat ihren großen Einkaufsmarkt für vier Wochen geschlossen, auch die Leute vom „weißen Raben", der Caritas, Der Corona Virus treibt auch hier sein Unwesen.

Inzwischen haben sie sich an den Virus gewöhnt und öffnen wieder.

# 7. KAPITEL: Weihnachten in München

## Der Nikolaus ist in Freising

Was es nicht alles gibt. In dieser Vorweihnachtszeit bin ich voll involviert, diesmal sogar mitten drin und werde auch sehr engagiert sein. Man glaubt es kaum: ich soll einen Nikolaus spielen! Ein Freund, (ist Mitglied der Rotarier) fragt mich das ernsthaft, ob ich am Nikolaustag in Freising Kindern als Nikolaus eine Freude machen wolle. Und ob ich dafür zu haben bin. Das Kostüm vom Kostümverleih bezahlt er und auch die Präsentation. Ich habe mich schon sehr gefreut und konnte es kaum erwarten.

Als ich dann später die Fotos gesehen habe – ich war immer noch begeistert. So stellt man sich einen „Nikolausi" vor. Und aufgeregt war ich und wie. Was erzählt man ihnen und glauben die Kinder, dass ich ein echter Nikolaus bin! Sie haben schon auf mich gewartet, vor dem Rathaus. Mit großen Augen haben sie mich angeschaut. Gaben mir dann artig die Hand, Mädchen einen Knicks. Einer meinte allerdings, ein Nikolaus hat keine braunen Halbschuhe an. Recht hat er. Ändere ich das nächste Mal. Und den umgehängten Bart kann ich auch nicht leiden. Brav waren sie alle, die lieben Kinderlein, das ganze Jahr über. Und dann sang ein Junge ein Lied, andere sagten Gedichte auf. Und die Eltern im Hintergrund amüsierten sich.

Verlegen war ich, auch gerührt, und irgendwann glaubte ich wirklich: Ich bin der Nikolaus! Natürlich bekamen sie alle kleine Nikoläuse aus Lebkuchen. Ich wurde auch ausdauernd fotografiert (auch mal ohne Bart – er kratzt so). Hoffentlich haben es die Kleinen nicht gesehen. Und zog nach ein paar Stunden die Klamotten wieder aus. Damals war ich ganz sicher: Ich bin ein besserer Mensch geworden.

Hielt nicht lange vor. Bekam aber nochmal drei Jahre lang die Möglichkeit, im Advent den Nikolaus darzustellen. Die paar Mark als Honorar waren auch nicht schlecht für einen armen Rentner. Danach war ich wohl nicht mehr brav genug. Das bleibt aber unter uns!

Natürlich hätte ich später nochmal einen Nikolaus darstellen können, aber nicht mehr in Freising. In München werden zur Adventszeit immer wieder dafür Leute gesucht. Beim Studentendienst, glaube ich. Es ist ganz sicher etwas für junge Leute, Studenten eben. Aber für den „Krampus", das ist der Böse von beiden, dafür hätte ich immer Zeit! Und einen echten Vollbart habe ich mir inzwischen auch zugelegt.

Man glaubt es kaum, jetzt habe ich doch dieses Jahr von der Münchner Tafel acht Nikoläuse bekommen: Aus Vollmilchschokolade. Eigenartigerweise war dies am 24. Februar. Ich habe es ihnen schon voriges Jahr mal mitgeteilt: Am 6.Dezember ist Nikolaus und das den ganzen Tag. Damals hatte ich immerhin auch zehn Stück bekommen, aber erst am 12. März. Wenn dies so weitergeht, werden wir in fünf Jahren am 6.12. Osterhasen bekommen. Ganz bestimmt!


**Mein Weihnachten**

Die Adventszeit ist endlich vorbei, und Weihnachten steht sogar vor meiner Tür. Beides ist eigentlich nicht meine Jahreszeit. Als Single, ein Sozialhilfeempfänger mit Grundsicherung, das versteht sogar das Christkind.

Ein paar Tage vor dem Fest bin ich irgendwie im Kaufhaus "Oberpollinger" gelandet. Ein sehr edles Haus, das muss ich sagen. Nur um zu schauen, was ich nicht brauche. Dort klingeln die Kassen, und das Tag für Tag. Es ist Münchens teuerstes Kaufhaus. „Oh du fröhliche, selige Weihnachtszeit"! So klingt, schallt es ununterbrochen, einfach grauenhaft. Dazu ein einziger Kaufrausch um mich herum. Große Geschenkideen entfallen mir so mit der Zeit. Aber für ganz liebe

Menschen habe ich schon einige gute Ideen, es sind halt auch kleinere Geschenke geworden. Dass lasse ich mir nicht nehmen. Hoffentlich freuen sie sich und ich dann auch.

An den Feiertagen feiere ich meistens alleine, das stört mich eher weniger. Und geschneit hat's auch nicht. Aber trübe Gedanken, so am Ende des Jahres, die habe ich schon. Wie wird meine Zukunft nächstes Jahr aussehen? Habe ich eine, oder sind die Sorgen und Nöte wieder dieselben wie letztes Jahr? Abfinden kann und will ich mich damit nicht. Um das zu ändern, ist meine Ungeduld auch nicht besonders hilfreich. Ich habe die Armut so satt! Nicht dass mir die Gesellschaft eine Chance geben würde! Das erwarte ich gar nicht mehr von ihr. Ich fühle mich eben aussortiert. Und so ließ mich die mangelnde Bodenhaftung zum Dichter werden.

Gerade spricht mein Bauch zu mir, aber in einer fremden Sprache, die ich nicht verstehe. Ich sollte besser zuhören lernen!

Und so spare ich meistens an allem, an Gesinnung zum Beispiel, der Einstellung zum Geld, auch an guten Worten, ja ja, die Zeiten sind hart. Und das Leben hat immer recht.

Für das neue Jahr nehme ich mir ganz fest vor, ganz, ganz vieles zu ändern. Ganz bestimmt. Denn nichts ist so beständig wie der Wandel. Und genauso wie jedes Jahr vergesse ich die guten Vorsätze schnell wieder. Denn das Leben ist ein verlorenes Gut – wenn man nicht gelebt hat, wie man hätte leben wollen. C'est la vie:

## Meine Blutvergiftung

Da ist mir doch mal wieder etwas Saublödes passiert: Ich habe mich am linken Ohr verletzt. Bei einer etwas schmutzigeren Arbeit hat mich etwas am Ohr gejuckt. Habe mich dort auch gleich fleißig mit meinen schmutzigen Fingern gekratzt. Dabei entzündete sich die Stelle. Das ganze Ohr wurde ganz rot und heiß. Und ich merkte es anfangs gar nicht und musste von einem Freund darauf aufmerksam gemacht werden. In der Notaufnahme des Schwabinger Krankenhauses schaute sich der zuständige Arzt das alles an und war entsetzt. "Sie haben eine Blutvergiftung im Endstadium! Wären Sie einen Tag später gekommen, hätten wir ihnen nicht mehr helfen können!". Man glaubt es nicht: eine Blutvergiftung am Kopf!

Ich bekam sofort ein Bett im Krankenzimmer und genügend Antibiotika. Vier Tage vor Weihnachten, logisch, wann denn sonst. Das habe ich mal wieder gut hingekriegt. Weihnachten war mir als Single immer ziemlich egal – aber so egal nun wieder auch nicht, diese eigenartige Festtagsstimmung im Krankenhaus. Aus manchen Zimmern hört man Weihnachtslieder, und ich liege hier nur faul herum. Irgendwo veranstalten Schwestern ein Fest. Könnte hingehen. Nur, ich fühle mich nicht danach. Ich nahm dann, so schnell ich konnte, reiß aus, aus dem „schönen" Krankenhaus. Vollkommen gesund natürlich. Die Weihnachtslieder erspare ich mir, Geschenke auch. Vielleicht sollte ich an Weihnachten öfter mal verschwinden, einfach so! In die Karibik zum Beispiel…!

Wenn nur das blöde Sozialamt nicht wäre.

## Weihnachten mit Sylvia

Fürchtet euch nicht: Die Adventszeit ist endlich vorbei und Weihnachten steht mal wieder vor der Tür. Wollen wir es reinlassen? Nein! Ich hab` einfach nix und brauch einfach nix, so einfach kann man das auf einen Nenner bringen. Bitte nicht konsequent nachfragen. Leutchen, die ich mag, bekommen meine Weihnachtsplätzchen. Eine Woche dauert es schon, bis alle fertig gebacken sind. Sieben bis acht große Teller werden es immer. Und sie freuen sich, fragen schon Tage vorher:" Wo bleiben meine Plätzchen?" Irgendwie müssen meine zehn Packungen Butter ja verbacken werden.
Der Hl. Abend, die Weihnachtsfeiertage, für mich allein eine fade Zeit. Ein Single eben. Den Heiligen Abend bei meiner lieben Freundin Sylvia zu verbringen, das geht noch. Für sie backe ich auf ihren Wunsch auch gerne ihre Feigenplätzl. Zuerst kommt bei ihr das Fondueessen und dann bemühen wir uns bei einem (?) Glas Wein, auch noch die restliche Zeit herum zu kriegen. Geht´s noch?

Kurz vor Mitternacht bin ich immer mit der S-Bahn nach Hause gefahren. Man glaubt es nicht; Diesmal saßen fünf Fahrgäste im fast leeren Zug und wurden tatsächlich von zwei Kontrolleuren nach Fahrkarten untersucht. Frohe Weihnachten allen und ein „gutes" neues Jahr.

Übrigens, bei der „Münchner Tafel" wurden diesmal Essens-Einladungen an Silvester verlost, kleine Geschenke gibt es auch dazu. Ich kann da nicht hingehen: Wer isst dann dort meine Würstchen nebst Kartoffelsalat? Und mein Anzug müsste auch noch vorher in die Reinigung. Also, das nächste Jahr kann ruhig besser werden. Das sage ich auch jedes Jahr.

## Eine, meine Weihnachtsgeschichte

Vor ein paar Tagen habe ich eine schöne, weil besinnliche, nachdenklich machende Weihnachtsgeschichte gefunden. Sie ist zwar nicht von mir, aber Grund genug, erzählt zu werden:

Die Tiere diskutierten einmal über Weihnachten. Sie konnten sich nicht einigen, was wohl die Hauptsache an Weihnachten sei. „Ist doch klar" sagte der Fuchs, „die Hauptsache ist der Gänsebraten!" „Schnee", sagte der Eisbär bestimmend, „viel Schnee!" Und er schwärmte verzückt: "Weiße Weihnachten!"
Das Reh sagte: "Ich brauche aber einen Tannenbaum, sonst kann ich nicht Weihnachten feiern." „Aber nicht so viele Kerzen", sagte die Eule, „schön schummrig und gemütlich muss es sein, Stimmung ist die Hauptsache."
„Aber mein neues Kleid muss man sehen können", sagte der Pfau, „wenn ich kein neues Kleid kriege, das ist für mich kein Weihnachten."
„Und Schmuck!", krächzte die Elster, „zu jedem Weihnachtsfest kriege ich etwas Glitzerndes: einen Ring, ein Armband, eine Brosche oder eine Kette. Das ist das Allerschönste an Weihnachten."
„Nicht zu vergessen, den Stollen und vor allem die Honiglebkuchen", brummte der Bär, „das ist die Hauptsache! Wenn es das nicht gibt, kann ich auch gleich auf Weihnachten verzichten."
„Mach´s wie ich", meinte der Dachs, „pennen, pennen, pennen! Weihnachten heißt für mich, mal so richtig auspennen."
„Und saufen!", ergänzte der Ochse, „mal so richtig einen saufen und schlafen!" Aber dann schrie er plötzlich laut „AUA", denn der Esel hatte ihm einen gewaltigen Tritt verpasst: "Du Ochse, denkst du denn gar nicht an das Kind?"
Da senkte der Ochse beschämt den Kopf und meinte kleinlaut: „Das Kind, ja, natürlich ist das Kind die

Hauptsache!" Einen Moment war es ganz still, der Ochse dachte angestrengt nach. Und fragte dann den Esel: „WISSEN DIE MENSCHEN DAS EIGENTLICH?"


**Ein Zwischenfazit: Jetzt!**

Das einfachste Fazit: Ich fühle mich nicht wohl in meiner Haut. Was mir fehlt: Anerkennung zum Beispiel. Was mir nicht fehlt, ist die Abhängigkeit vom Amt. Was mir wieder um fehlt, ist der gebotene Respekt zum Beispiel, da und dort.

Was mich nervt, dass ich es immer wieder fertigbringe, andere mit meinen Problemen zu belästigen. Und die wenigen Freunde damit belaste. Manchmal möchte ich mich unsichtbar machen, hin und wieder nur.

Dabei habe ich den Anfangsschock, meine Abhängigkeit vom Sozialamt zu verarbeiten, zeitweise ganz gut im Griff. Auch versuche ich, die richtigen Schlüsse daraus zu ziehen. Reflexionen eben oder nur Versuche!? Es hat viel Einsicht verlangt, die Realitäten anzuerkennen. Was mir nicht hilft: Ich bin in München ja nur einer von 12.000 (Zwölftausend!) Armen, die Sozialhilfe mit Grundsicherung beziehen. Was mir doch weiter hilft, ist meine Einstellung, neue Lösungen für mich zu finden und nicht in Resignation zu verfallen. Auch wenn sich vieles bei mir immer wieder im Kreis dreht, vergeht meine Zeit so schnell, ohne dass sich viel bei mir ändert. Eine Zeit, die ich eigentlich gar nicht mehr habe.

Wenn ich so mein Konvolut durchlese, ist mir nicht alles zum Gewinn geworden. Bin ich ein glücklicher Mensch? Eher nein!

Natürlich, wer ist das schon. Aber etwas mehr Zufriedenheit würde mir schon gut tun. Nur, ich werde mit dieser meiner jetzigen Art zu leben einfach nicht fertig! Und meine Versuche enden auch meistens im

Irgendwo…! Es scheint, dass ich das Buch des Lebens verbrenne, ehe ich es gelesen habe.

Wie sich das anhört: Meine Versuche enden irgendwo im Nirgendwo? Vor ein paar Wochen noch habe ich mir schon darüber Gedanken gemacht – und heute hat sich die Welt schon verändert: Wir kämpfen mit einem asiatischen, nämlich chinesischen, Virus, dem Corona Virus, der mal Covid 19 hieß und jetzt, mittlerweile Sars-CoV-2 heißt.

Das macht aber auch nichts besser. Klar, wir bleiben zu Hause und singen gemeinsam am Balkon die Nationalhymne: „Ode an die Freude"! Und Marieluise spielt dazu auf dem Balkon: „Freu dich, schöner Götterfunken"! Eine Flöte genügt jetzt schon. Und von anderen kommt dann der Beifall.

Es wird doch nicht noch so weit kommen, dass sich der bisherige Mangel an Menschlichkeit in ein gutes, enges mit einander vereint? Und wenn Mitbewohner feststellen, dass ich im 1.Stock wohne und die mich manchmal noch fragen, wie es mir geht und ob sie für mich einkaufen dürfen? Das wäre der Hammer.

Die Welt wird sich verändern und wir mit ihr. Virus sei Dank?! Dann singen wir aus ganzem Herzen: „Alle Jahre wieder…!" Oder etwa nicht? Bleibt doch alles beim Alten? Müssen wir damit rechnen, dass diese riesige Verschwendung unserer Ressourcen, die Vielfliegerei, die unseligen Kreuzfahrten, unser unglaublicher Konsum und die Ausbeutung unseres Planeten einer besseren Einsicht weicht? Wird sich die Globalisierung und auch die Digitalisierung verändern? Oder kommen wir zu einer besseren Einsicht: Wird diese Krise die Ökologiebewegung vorwärts schieben?

Und was wird sich in meinem Leben nach der Pandemie ändern? Nur Reflektionen? Auf keinen Fall will ich dem Virus anheimfallen!

Jetzt habe ich mich zum dritten Mal impfen lassen, na ja, wenn es hilft. Sicher ist nur, dass jetzt im dritten Jahr dieser Virus immer noch sein Unwesen treibt. Wenn er verschwunden ist, dann geht er uns, ganz sicher, auch noch ab, Tagtäglich?
Ich weiß es nicht genau oder bilde ich mir das nur ein: Seitdem habe ich Schwindelanfänge. Als Nebenwirkung des Impfens womöglich! Bin nicht der einzige, oder doch?!

## Das Sozialamt: Unterlagen, nicht als Unterlagen

Dass die vom Sozialamt einem auch immer so die Stimmung versauen müssen. Es ist ein großes Kuvert gekommen. Die Freude ist einseitig. Sie möchten möglichst viele Informationen in vielen Formularen. Ja, ja, was würde jetzt der Lateiner sagen; "Non est in actis, non est in mundo!": Was nicht in den Akten steht, das ist nicht in der Welt!

Ich fülle die Unterlagen ja gerne aus (?), trotzdem ist es leichter gesagt als getan. Was die so alles wissen wollen? Es ist jetzt die Zeit für den Jahresabschluss: Ist alles o.k., bekomme ich die Mitteilung, dass ich für ein weiteres Jahr Sozialhilfe bekomme. Die braucht auch die „Tafel". Wenn ich immer nur wüsste, ob ich dies oder das oder ganz was anders ankreuzen soll, dann würde ich anfangen, dies oder das ausfüllen, wobei ich überhaupt nicht weiß, ob das bei denen auch alles durchgeht. Wie mich das noch nachträglich beschäftigt, man glaubt es kaum. Die finden das sicher alles gar nicht lustig, ebenso wenig wie ich. Wie soll man da guten Mutes sein? Und wenn sie keine Überweisungen mehr schicken, die Unterlagen ungenügend finden? Dann wäre ich am Ende!

Dem Briefkasten habe ich letztendlich mein Konvolut anvertraut. Als armer Rentner hätte ich die Briefmarken weglassen sollen. Aber dann kommt das Machwerk womöglich umgehend wieder zurück. Oder ich muss im Sozialamt beim „netten" Inquisitor wieder mal antanzen. Nur das nicht! Ich bin dann lieber für vier Wochen verreist. Umstände halber…!

## 8. KAPITEL: Meine Freunde

### Mein Freund: Josef Boraros

Jetzt muss ich unbedingt von meinem alten, inzwischen leider verstorbenen Freund Josef Boraros erzählen. Irgendwie hat er mir die Zeit am Anfang meines Rentnerdaseins leichter und fröhlicher gemacht. Er wohnte schon ein paar Jahre in unserem Haus, und wir haben uns immer fröhlich begrüßt. Er kommt aus Ungarn und lehrte in Bratislava. Jetzt lebt er nun schon seit zehn Jahren in München. Immer, wenn ich ihn sehe, ruft er schon aus großer Entfernung: „Herr P., ich grüße Sie!" Ein Gentleman, natürlich und wie immer war er gut angezogen. Ein Spazierstöckchen hätte ihm auch gut zu Gesicht gestanden. Darüber hat er immer gelacht, wenn ich ihm das erzählt habe. Als Rentner bin ich oft auch unter Tags zu Hause. Und in seiner Wohnung im oberen Stockwerk sang immer ein Schüler/in die Tonleiter rauf und runter. Unser Haus ist ja so was von hellhörig. Er war mal Opernsänger in Bratislava. Jetzt bildete er als Musiklehrer Schüler aus.

Wir trafen uns nun öfter, freundeten uns an. Anfangs lud er mich zum Mittagessen in ein Lokal ein. Er konnte nicht kochen. Da habe ich ihm irgendwann den Vorschlag gemacht: Ich koche für uns beide. Das fand er toll. Und ich ließ mir dafür auch ungarische Spezialitäten einfallen. Beim Essen erzählte er mir, dass er seit einem Jahr an Darmkrebs leidet, alle zwei Wochen zur Chemotherapie muss und er am liebsten ganz nach Mailand ziehen würde, ja, wenn nur die Therapie nicht wäre. In Mailand wohnt seine verheiratete Tochter. Seine Freundin hat ihn verlassen. Mit einem kranken Mann will sie nichts zu tun haben, traurig, traurig.

Ich erzählte ihm von mir, wie schwer es mir fällt, zum Sozialamt gehen zu müssen, nicht mehr frei in meinen Entscheidungen zu sein und somit diesen Bürokratiehengsten ausgeliefert bin. Auch von diesem ewigen Papierkram ziemlich genervt bin und den ich als Selbstständiger so nicht kenne. Ist nichts für mein Selbstwertgefühl. Und so haben wir uns manchmal gegenseitig getröstet und trotzdem auch viel gelacht. Italienische Volkslieder hat er einmal aufgenommen und sie auf CD gebrannt. Einige hat er mir geschenkt. Oder sie mir vorgesungen: „Non ti scordar di me!" Ich höre sie mir immer wieder an, jetzt leider ohne ihn.

Wer nicht arbeitet, soll wenigstens gut essen. Heute habe ich was Feines für meinen Freund Josef und mich gekocht. Er darf sich immer etwas zum Mittagessen wünschen. Diesmal ist es ein Kartoffelgericht aus der Slowakei. Er hat es genossen. Und mich freut`s. Und jetzt schnell noch einen Espresso zu den Geschichten, die er aus seiner Heimat erzählt. Sonst sitze ich immer allein am Tisch, ist irgendwie fad. So oft es geht, machen wir das jetzt zusammen.

Er ist nämlich immer nur vierzehn Tage in München – wegen der Chemotherapie. Es ist der Krebs. Noch kämpft er. Ich fahre ihn nachher ins Bogenhausener Klinikum. Wenn er sich dann ein bisschen erholt hat, reist er nach Mailand für vierzehn Tage, um seine verheiratete Tochter Renata zu besuchen. Und so werden mir die Tage mit ihm zur Freude. Ist er weg, fehlt er mir sehr. Ich freue mich schon auf seine Rückkehr. Und dieses Mal hat er mir sogar ein kleines Geschenk mitgebracht.

## Josef's letzte Reise

Silvester bin ich mit meinem Freund Josef von einer Freundin eingeladen worden, zusammen feiern. Er war ein bisschen traurig. Seine Tochter rief ihn an: "Komm nicht, der Trubel in Mailand ist in deinem Zustand nicht das Richtige". Wenn sie damals gewusst hätte, dass dies sein letztes Fest sein würde, sie hätte es umgehend geändert und nicht später bereut.

Nun, wir ließen es uns gut gehen, nach dem Essen spielten wir alle Monopoly. Man möchte es nicht glauben, Josef gewann haushoch. Er hat es genossen und ich mit ihm auch.

Ein paar Tage später öffnete er nicht mehr die Tür. Der Krebs hat ihm keine Chance gegeben. Und so konnte ich mich gar nicht richtig von ihm verabschieden. Die Sanitäter holten ihn spät abends ab. Ich habe sofort seine Tochter angerufen. Sie kam und durfte noch zu ihm. Kurz darauf ist mein Freund um fünf Uhr früh abberufen worden. Es ist doch unglaublich. Wir sind beste Freunde geworden, und dann stirbt der einfach so – und das ohne meine Erlaubnis! Ich vermisse ihn!

Später bin ich noch gebeten worden, die Wohnung aufzulösen. Traurig stand ich in seiner Wohnung und habe erwartet, dass er wie immer zur Tür hereinkommt und mich dann, wie immer, überschwänglich begrüßt. Überall verstreut sind natürlich noch seine Utensilien und Wertsachen. Ein paar Dinge durfte ich behalten, viele CDs z.B. Die paar Antiquitäten, die seine Ex ihm geschenkt hatte, holte sie „natürlich" ab! Hätte mich auch gewundert bei einer so „netten" Person. Josef, du hast immer einen Platz in meinem Herzen. Ich bin mir sicher, im Himmel fehlt ein Opernsänger, die können doch alle nicht singen!

## Christine R. eine gute Freundin

Sie ist leider auch vor ein paar Jahren gestorben. Die Menschen um einen herum dünnt die Zeit aus. Ich denke, man hat immer so viele gute Freunde, wie man selber wert ist. Ist das im Alter auch so? Viele Jahre wohnten wir Tür an Tür. Wir haben viel zusammen erlebt, gemeinsam gefeiert und waren auch nicht immer einer Meinung. Sie hat ihre Krankheit (auch Krebs!) gut vor allen versteckt und lange dagegen angekämpft. Nie geklagt. Und sie war auch eine gute Kartenspielerin. Ich habe oft gegen sie verloren. Zum Schluss hin saßen wir noch zusammen, gingen dann in ein Restaurant zum Essen und ratschten nachher bei ihr bei Kaffee und Kuchen. Sie hat nie von ihrer Krankheit geredet und sie, ohne zu klagen, ertragen!

Bald darauf wurde sie in die Klinik gebracht. Ein paar Tage später meinte sie noch: "Ich komme bald raus!?" Das schon... aber leider in die Palliativ-Abteilung. Wie sie dort in dem großen Bett lag, schmal und traurig, ich konnte es kaum ertragen. Einen Tag später war sie erlöst. Ich, wir, werden sie nie vergessen!!! Später ging ich durch ihre Wohnung, irgendwie dachte ich, sie kommt jetzt gleich zur Tür herein. Ein eigenartiges, aber auch trauriges, Gefühl überkam mich. Und nun wird alles aufgelöst. Ihre Tochter hat mir noch ein paar Sachen von ihr geschenkt. Ich werde sie als Andenken an Christina in Ehren halten und ihrer immer gedenken.

# Der Werner

Mein Freund Werner musste ausziehen. Ich half ihm beim Ausräumen seiner alten Wohnung in Kirchberg. Dabei ist mir ein Spritzbesteck aufgefallen. Er zog damals von einer Drei-Zimmer-Wohnung in ein Appartement in Kirchseeon.

Ein Jahr später fiel es mir wieder ein. Er stellt fest, mit dem Sehen wird es nicht mehr so richtig. Da erzählt er mir, Stoiker, der er ist, sein damaliger Arzt hätte ihn auf eine beginnende Zuckerkrankheit aufmerksam gemacht (das Spritzbesteck!). Er hat natürlich nicht darauf reagiert. Jetzt ist es zu spät. Ein Auge ist „tot", mit dem anderen sieht er die hübschen Mädchen nur noch, wenn sie kurz vor ihm stehen. Ist das nicht ein Drama! Er hat die Krankheit richtiggehend verschlampt!

Zurzeit hat er nun dafür Personal rund um die Uhr. Er wohnt noch allein. In Kirchseeon gibt es das noch: jeden Tag kommt eine Schwester, um ihm eine Spritze zu geben und den Blutzuckerspiegel zu überprüfen. Das Rauchen sollte er natürlich auch lassen, sollte er! Dann kommt mehrmals eine Sozialarbeiterin, die ihn zum Arzt fährt und Botengänge für ihn übernimmt, seine „Chefin". Alles natürlich junge Mädels. Und zu guter Letzt wäscht und duscht ihn noch eine andere. Einmal die Woche. Wieder eine Andere macht dann auch noch das Appartement sauber. Wenn er nicht so weit draußen wohnen würde, würde ich ihn sicher öfter besuchen. Seine Hausgemeinschaft, es sind nicht so viele Mieter wie bei mir, funktioniert eigentlich ganz gut. Das gefällt mir. Meistens bleibt es nur beim Telefonieren. Die Gespräche dauern dann halt etwas länger.

Eine nette Geschichte noch: Als er aus der großen Wohnung auszog, hatte er doch Unmengen an Utensilien in Umzugskartons verpackt. Die er nicht alle in sein kleines Appartement mitnehmen konnte. Zuerst machten wir mit seinen vollen Umzugskartons eine Hinterhofgarage voll. Kurze Zeit später musste sie leer werden. Also haben wir alles nach Stuttgart zu seiner Mutter gebracht. Die hatte einen großen Keller. Alles Mögliche war in den Kartons: Kleidung, Bücher, Geschirr, Schallplatten und Fotogeräte usw. Man glaubt es kaum, er hat sie alle mehrere Jahre lang dort vergammeln lassen. Den Spinnen hat es gefallen. Als seine alte Mutter starb, warf er alles weg, einfach so. Dabei wollte er mal alles durchschauen und auf seine Tauglichkeit überprüfen. Werner eben!

Nochmal zur Diabetes: Dazu fällt mir mein Onkel ein. Er hatte auch die Zuckerkrankheit in den Sechzigern und saß zum Schluss im Rollstuhl. Zuerst hat man ihm den einen Fuß amputiert. Als man das später auch noch beim zweiten vorschlug, hat er sich erschossen. In seinen jungen Jahren war er ein sehr guter Fußballer und stand lange im Tor, auch in der National-Mannschaft! Klar, dass er das nicht ausgehalten hat...
Ich vermisse ihn.


## Ist sehr wichtig: Barbara W.

Wenn man glaubt, es geht nicht mehr, kommt von irgendwo ein Mensch daher. Nicht irgendeiner, sondern eine ehemalige Kundin zum Beispiel: Barbara W. Damals hatte ich bei ihr böse Stellen im Parkett ausgebessert. Ein Schäferhund hat dort seine „Spuren" hinterlassen.

Jahre später sitzt sie gern mit ein paar anderen Mitspielern (wie u. a. mit der Christine R.) an meinem Tisch beim Kartenspielen. Canasta spielen zum Beispiel. Sie spielt gerne und würde mit mir auch einmal in ein Spielkasino gehen. Ja, das ist bestimmt das Richtige für einen Sozialhilfeempfänger!?

Es passiert mir immer öfter, dass ich denke: Es ist das Ende, das ewige Geld reicht nicht. Es geht wieder mal nicht mehr weiter. Das Monatsende dauert noch. Und wer hilft mir dann überraschenderweise? Barbara W.!

Klassische Musik und die Literatur sind ihr auch wichtig. Sie soll ja eine Liaison mit Wolfgang Amadeus Mozart gehabt haben. (Es ist sicher nur ein Gerücht: Sie hat ihn höchst wahrscheinlich doch nicht persönlich gekannt!).

Und sie liebt Tiere und wie! Dann ist man eben auch eine Vegetarierin. Ich habe eine Grafik von einem polnischen Maler. Titel: Tod einer Stubenfliege! Das muss ich immer abnehmen, wenn sie meine Wohnung betritt. Wo sie doch so sensibel ist! Wenn ich sie anrufe, hat sie immer einen guten Rat parat. Aber das Tollste ist ja: Sie hilft mir manchmal auch finanziell weiter. Man glaubt es kaum, aber mein schlechtes Gewissen zwecks Zurückzahlung bleibt. Wenn ich mich nur mal revanchieren könnte?

Man glaubt es nicht: sie sieht aus wie eine Dame und hat auch noch ein Herz aus Gold! Irgendwann hat sie mich eingeladen mit ihr auf die Zugspitze zu fahren. Dann wäre ich endlich ganz oben! Ich glaube ja nicht an das ganz große Glück – bin aber bereit, gewissen Dingen einen Wert zuzuordnen. Obwohl ich leidenschaftlich gern koche, sieht sie mich doch eher in einer Restaurantküche herumwursteln. Und ich mich vor meinem Computer.

Auf jeden Fall habe ich hier eine Möglichkeit gefunden, hier ihr meine Dankbarkeit zu beweisen. Wobei sie auch noch das Lektorat für mein Buch übernahm.

Ich bin traurig, sie hat vor einem Jahr einen leichten Schlaganfall erlitten und darum den Kontakt zu mir abgebrochen. Schade, schade.

## 9. KAPITEL: Partnerschaften

### Partnervermittlung

Ich denke da an einen der ersten Sätze der Bibel, dem auch die meisten Atheisten nicht widersprechen würden: „Es ist nicht gut, dass der Mensch allein sei." Alter macht nicht einsam! Und die Sexualfunktionen doch noch alle aktiv sind!

Wenn man Single und schon länger Rentner ist, so heißt das nicht, dass man sich nicht noch mal verlieben will. Mir war halt einsam zumute. Allerdings gehören Phasen der Einsamkeit zum Menschsein. Es würde ja einem etwas fehlen, hätte man sie nie erfahren. „Wir leben, wie wir träumen – allein" heißt es in Joseph Conrads Novelle „Herz der Finsternis".

Lange Zeit habe ich auch geglaubt zu wissen, welche Sorte Mensch mir bekommt, aber diese Überzeugung hat sich zuletzt auch verflüchtigt. EVA ist so ein Beispiel: Sie lief mir vor kurzem über den Weg, ausgerechnet EVA heißt sie. Und sie sieht auch so aus wie sie heißt: 165 cm reine Erotik. Wenn man so lange allein ist, fällt man leicht auf so etwas herein (s´st eine Nachbetrachtung). Gleich war der Kontakt da, Sympathiewerte auch O.K. Es ist schon was Wahres dran, dass sich bei uns Männern oft alles auf der Netzhaut konzentriert.

Aber wenn man so lange allein ist...? Wir trafen uns mehrmals, telefonierten viel. Sie war von Beruf Lehrerin. Und ich besprach mit ihr ihre Probleme. Ich war verliebt. Und so hab' ich sie auch, leidenschaftlich gern, Gassi geführt. Wo ist eigentlich der Instinkt angesiedelt, im Bauch oder knapp darunter? Es wurde nichts mit uns beiden. Sie musste mir das auch noch persönlich mitteilen, anders hätte ich es wohl nicht kapiert.

Dann versuchte ich es mit dem Tanzen. In der Salsa-Szene zum Beispiel. Amüsiert habe ich mich, viel getanzt auch. Sogar mit dem Tango Argentino will ich jetzt anfangen. Es ist ein sehr schwerer, aber auch erotischer

Tanz. Nicht gerade ideal zum Partner kennen lernen. Oder doch?

Ein anderer Versuch der Partnervermittlung: Ich habe eine Anzeige in einer Zeitung geschaltet. „Wer tanzt mit mir in den Sommer?" War ein mittlerer Erfolg. Zirka zwanzig Damen haben mir zwar geschrieben. Ein paar habe ich getroffen. Justine aus Freising, Evi und Gisela habe ich angerufen, werden uns alle in den nächsten Tagen sehen. Petra, Brigitte und Christina auch. Und bleibe leider weiterhin Single. Und eine gute Partie als Sozialhilfeempfänger bin ich weiß Gott nicht. Oder spielt das in der Damenwelt keine Rolle?

Wie heißt es so schön in der Fernsehwerbung: "Alle elf Sekunden verliebt sich ein Single bei „Parship"! Ich bin eigentlich auch dauernd verliebt, jedenfalls länger als 11 Sekunden.- ich weiß bloß nicht in wen? Also, meine Damen, bin zu allen „Schandtaten" bereit:

## Salsa, nichts als Salsa

Salsa besteht eben nicht nur aus ein paar Tanzschritten, bei denen man versucht, möglichst gut auszusehen. Salsa ist miteinander kommunizieren, flirten, fröhliche Musik und Lebensfreude.

Meine Tanzleidenschaft wird gebraucht. Marion Morena hat angerufen. Sie sucht einen Tänzer. Er sollte Salsa tanzen können. Es gibt immer zu wenig Männer, die auch gerne tanzen. Sie sollten ihn beherrschen und dann auch noch öfter dazu Lust haben. Vor einiger Zeit habe ich darum einen Tanzkurs bei ihr absolviert. Hat mir viel Freude bereitet. Sie lehrte zuerst den Stil, der in New York getanzt wird. Später in einem zweiten, wie ihn die Kubaner in Havanna zeigen. Es wird schon, immer besser und besser. Wichtig ist, dann auch so oft wie möglich in Übungsabende zu gehen. Anfänger können sich hemmungslos zum Üben auf die Tanzfläche begeben. So kommt die Routine von ganz allein. Schön wäre es, wenn ich als Salsolero dort einmal eine feste Tanzpartnerin finden würde? Kontakte gibt es genug!

Ich habe so das Faulsein endlich geändert: Sonst sitze ich einfach viel zu oft abends vor der Glotze. Ist nun alles anders geworden, und habe mir gleich etliche angesagte CD´s gekauft. Dabei ist Tanzen ein Sport, der den ganzen Körper fordert und dem man auch zu Hause (zum Üben,!) allein nachgehen kann. Früher ging ich gerne zum Tanzen und kann kaum glauben, dass ich einmal damit aufgehört habe.

Jetzt freue mich auf diese Abende und meine Sorgen sind oft ganz weit weg. Ich kann es euch gar nicht sagen, wie wohl ich mich nach dem Tanzen fühle. Müde aber glücklich! Und der innere Schweinehund hat wieder einmal verloren. Da ich sonst viel zu viel Zeit mit Nichtstun vergeude, schiebe ich solche Aktivitäten in Zukunft nicht mehr weiter vor mir her. Morgen gehe ich wieder hin! Salsa ist übrigens das eine, auch die Rumba, Bachata, der Mambo, Reggaeton oder die Kizomba ist im Angebot. Noch nicht bei mir, aber es kommt. Man ist eben so alt, wie man sich fühlt!


**Meine Tangozeit**

Ja, ich gehe gerne zum Tanzen, früher fast jede Woche. Nachdem ich in einem Fernsehfilm gesehen habe, welch faszinierender Tanz der Tango ist, wollte ich ihn sofort kennenlernen.

Vor einiger Zeit habe ich dann in einem Tanzkurs den argentinischen Tango gelernt, ein bisschen nur, das kann dauern. Schwungvolles Gleiten über das Parkett, ruckartige Bewegungen vollführen und dabei noch eine elegante Haltung bewahren. Schön wäre es. Dabei bin ich noch ein Anfänger. Keine ochos, kein barrida, es gibt ja „nur" 45 Tanzfiguren! Von Eleganz und Sinnlichkeit reden wir ein anderes Mal. Aber versuchen kann ich es ja weiter in diesem Tanzkurs. Übungsabende nicht zu vergessen und die Milongas!

Ein Samstagabend: Das Wetter war schön, wie oft im Sommer und so kam ich auf die Idee, draußen Tango zu tanzen. Im Diana-Tempel im Hofgarten treffen sich Tanzwütige, stellen zuerst einen Radiorecorder auf und dann tanzt alles argentinischen Tango. Das Schöne daran ist, es gibt immer Tanzpartnerinnen. Auch für Anfänger wie mich. Eine Decke, Rotwein und Gläser, Kerzen, in den Grünanlagen daneben erholt man sich, picknicken am besten mit der Tanzpartnerin. Dazwischen immer wieder: Tanzen, tanzen, tanzen...!

Ich genieße sie, diese unglaubliche Atmosphäre: Der schöne ruhige Hofgarten und in der Entfernung der Straßenverkehr der lauten Großstadt. Abendstimmung, eben wie in Italien – Sommer in München! So ein Abend tut mir gut – meine Sorgen sind weit weg, und ich genieße ihn.

Das war einmal. Jetzt sind alle Vergnügungen, auch diese Tanzveranstaltungen, wegen der Pandemie verboten. Ich bin traurig! Sie gehen mir schon ab, die Kontakte, das Tanzen, eben das ganze Vergnügen und dem Feiern. Und das kann noch dauern: Monat für Monat für Monat...?


## Hölle, Hölle, Hölle

Vor ein paar Tagen habe ich eine „alte" Freundin wieder getroffen. Wir sind ein paar Mal Gassi gegangen und haben uns dann anschließend der Wollust hingegeben. Ein Besuch beim „kleinen Tod." Irgendwie habe ich dabei vergessen, dass das eine Todsünde ist: Du sollst nicht Unkeuschheit treiben! Sagt die römisch-katholische Kirche. Da kennt die nichts. Natürlich haben wir es getrieben. Mit allen kann ich nicht schlafen, aber man kann es ja versuchen.

Mein schlechtes Gewissen habe ich daheim bei meinen Katzen gelassen. Hoffentlich muss ich das nicht alles beichten. Dabei bin ich, wie gesagt, eine männliche katholische Karteileiche und noch immer nicht ausgetreten. Beim Sündigen sind die Pfaffen streng und kennen da keinen Pardon.

Ich gehe ja sowieso davon aus, dass ich irgendwann in die Hölle komme. Da treffe ich sie dann alle wieder, die netten Jungs: Napoleon, Adolf Hitler, Göring, Stalin, nur den Syrer Baschar al-Assad noch nicht. Der ist ja Augenarzt und kommt dann, seiner humanistischen Bildung wegen, zuerst ins Fegefeuer. Er muss und soll leiden, und wie!

Apropos: Allgemeinbildung gefällig? Nun denn, Neuigkeiten aus dem Hause Adolf Hitler: Der Vater Adolfs, dem schrecklichen, wurde in seiner Jugendzeit von der Familie Hitler adoptiert. Man glaubt es kaum, er hieß vorher Schicklgruber! Hätte man ihn damals nicht an Kindesstatt angenommen, würde der Adolf Schicklgruber heißen. Und die Nazis hätten damit sicher ein Problem mit dem: „Heil Schicklgruber!“, wie das schon klingt, irgendwie witzig! Vielleicht hätte es damals gar keinen Weltkrieg gegeben. Aber mir gefällt es viel besser als „Heil H…“!

Die pädophilen Klosterbrüder, Pfarrer und Bischöfe sind hoffentlich schon drin, in der Hölle. Ich war ja als Schüler drei Jahre lang in ihrer Klosterschule, dem Kloster der „Un“-Barmherzigen Brüder, in Algasing, von der 5. bis zur 8. Klasse (1953 – 1956)! Die Klosterbrüder übrigens, die sich damals an meinen Kameraden vergangen und mich ausdauernd verprügelt haben, müssten eigentlich auch dort in der Hölle zu finden sein, wenn es noch eine Gerechtigkeit gibt? Man muss sich das mal vorstellen: Im guten Glauben daran haben unsere Eltern diesen „Brüdern“ ihre Kinder zur Erziehung überlassen. Man würde mehr lernen, glaubten sie, als in einer normalen Volksschule. Und dann sowas. Wenn wir uns dann bei unseren Eltern beschwert hatten, meinten die, heilige Männer, die machen sowas nicht. Na ja, wenn das so ist....!

Für sie gibt es bestimmt schon eine eigene Abteilung in der Hölle oder sie schmoren noch im Fegefeuer!? Haben sie doch damals alle das Bereuen vergessen!!
Also, wie gesagt, dass mit der Gerechtigkeit bedeutet mir viel. Und so habe ich mich endlich entschlossen, sie ein zu fordern. Mein Rechtsanwalt hat alle meine Unterlagen darüber bekommen. Es geht um die im Verhältnis unmäßigen Schläge, die mir die „Un"-Barmherzigen Brüder damals zuteil kommen haben lassen. Aus erzieherischen Gründen natürlich, logisch. Schon damals hat man dies als Sadismus bezeichnet. Mal schauen, wie sie heute das Schreiben meines Rechtsanwalts darüber aufnehmen? Das Mindeste wäre auf jeden Fall eine Entschuldigung!

Ja, es gibt eine Gerechtigkeit: Sie , die Brüder, haben mir ein Entschuldigungsschreiben zukommen lassen und auch eine halbwegs angenehme finanzielle Überweisung dazu.

## Sozialamt: Alle meine Kontoauszüge

Eine Einladung, die man nicht abschlagen kann: Das Sozialamt ruft wieder mal an, und ich komme, wie immer, „freudig" erregt.

Es geht um die weitere Unterstützung. Sollte ich ein schlechtes Gewissen haben? Ich habe es. Schon am Eingang die Frage vom Sicherheitspersonal: „Haben Sie einen Termin, und zu wem wollen Sie?" Umkehren geht nicht. Ich bin das erste Mal hier, nach acht Jahren ohne Kontakt. Und so lerne ich auch den Inquisitor kennen, der bis jetzt meine Unterlagen bearbeitet hat. Es muss mich jemand angezeigt haben. Vermutlich jemand in meinem Haus, den ich nur zu gut kenne. Alle möglichen Unterlagen sollte ich mitbringen. Und Kontoauszüge der letzten Monate. Das wollten sie noch nie.

Nachdem das Geld nicht reicht, habe ich auch kleinere Arbeiten übernommen. Natürlich verraten das meine Kontoauszüge. Jeden einzelnen gingen sie Stück für Stück durch. Da und dort fanden sie ein paar Überweisungen – ich brauchte Geld für Kleidung oder Dinge des Haushalts, die nicht warten konnten. Ich weiß auch, Geld ist besser als Armut, wenn auch nur aus finanziellen Gründen. Ich sehe das so – sie sehen das ganz anders, aus der Sicht des -Befehle -gebenden möglicherweise. Und darf den Hinweis nicht vergessen: In Zukunft muss ich jedes Jahr alle meine Kontoauszüge unaufgefordert vorlegen. Geprügelt schleicht das schwarze Schaf nach Hause.

Mein Selbstwertgefühl leidet sehr. Diese Ohnmacht!! Wie heißt es so schön im Grundgesetz: „Die Würde des Menschen ist unantastbar. Sie zu achten und zu schützen ist Verpflichtung aller staatlichen Gewalt!" Auf Würde wird ja heutzutage wenig Wert gelegt, da darf man schon ein bisschen daran herumkratzen. Der Preis dieser Abhängigkeit ist mir einfach zu hoch. Für alle Zukunft.

## 10. KAPITEL: Essen und Trinken

### Über das Essen und Trinken

Wie gesagt, ich koche gerne und das ganz gut. Das hilft mir natürlich, Geld zu sparen, kann so günstige und manchmal auch raffinierte Gerichte zaubern. Das geht teilweise mit dem, was die „Münchner Tafel" so hergibt, koche für mehrere Tage vor und friere es gleich ein. Mehrere Gefrierfächer helfen da ungemein. Man ist, was man isst. Und kocht, was man isst. Oder umgekehrt. Hauptsache gut essen, die Arbeit schaffen wir dann schnell. Wir, meine Katze und ich, wir sind die ewig Gestrigen: Fleischverzehrer eben, sie fängt unser Mittagessen und wir teilen uns das dann geschwisterlich. Wer`s glaubt?

Am meisten Spaß habe ich, wenn ich Gäste einladen kann. Zum Beispiel eine neue Liebe. Kochen ist dann das schönste Vorspiel. Da gebe ich alles, Ich finde, eine Einladung mit einem vorhergehenden romantischen, mehrgängigen Menü hat schon etwas sehr Sinnliches, findet ihr nicht auch? Eben das Vorspiel für eine heiße Nacht. Natürlich freue ich mich auch, wenn ich für gute Freunde kochen darf. Leider müssen sie das auch essen, was ich so zusammenrühre. Denn wir essen nicht, was uns schmeckt, sondern uns schmeckt, was wir essen, logisch nicht? Wenn das so ist, dann kann eine Einladung dann abends schon etwas länger dauern und hebt meist auch die Stimmung.

Es ist schon interessant, was man so alles in einem Horoskop unter meinem Sternzeichen liest: „Sie stürzen ihre Gäste in echte Krisen. Sie tischen Tiefkühlkost und Konserven auf – dafür entschädigen sie mit geistreichen Tischgesprächen." Die müssen es ja, im Gegensatz zu mir, wissen.

Man glaubt es nicht: Es ist heutzutage schick, Arme-Leute-Essen zu zaubern. „Arme Ritter" zum Beispiel, oder etwas mit Innereien geht auch immer öfter. Nicht zu vergessen die berühmte Brotsuppe – die essen neuerdings auch reiche Leute gern.   Arme Leute auch.

Also, wenn ich Anfang eines Monats meine Überweisungen vom Sozialamt und der Rentenanstalt so anschaue, dann alles seufzend überweise, es bleiben meist nur ca. 62 Euro übrig. Davon könnte ich, wenn ich wollte, täglich etwas über zwei Euro ausgeben oder auch verschwenden. Das heißt, mich im Supermarkt dem Rausch der Sinne hingeben, von Regal zu Regal schlendern und dabei zu überlegen, was ich alles so für die zwei Euro bekommen würde. Man könnte glatt vom Gourmand zum Gourmet mutieren.

Na, ja, ein Schweinerippchen wird es schon werden, dazu Nudeln und den Salat von der Tafel, was willst du mehr?

Meine Freundin Marie-Luise, die Katzenfreundin, und ich, wir tauschen uns bei interessanten Rezepten öfter mal aus. Mal kocht sie für mich, mal tische ich für sie auf. Das Schöne daran ist doch, dass dies zu zweit mehr Spaß macht und einfach geselliger ist.

Am Wochenende leiste ich mir den Luxus und backe einen Kuchen oder Plätzl, auch mal eine Torte. Das gelingt mir alles ganz gut. Der Vorteil ist, jeden Tag gibt's zum Tee Selbstgebackenes. Etwas vom Bäcker muss man sich leisten können – dafür schmeckt meines meistens besser. Ist halt mit viel Liebe gemacht!

Wie der Herr so das Gscherr: Wenn ich schon eine Katze habe, die das Hundertste (Fressi!) nicht mag, dann kann das Personal, nämlich ich, auch nicht aus der Reihe tanzen. Ich mag auch jeden Hundertsten nicht...!

Jetzt in der Coronazeit koche ich so wie immer und so viel wie früher auch. Sehr viel hat sich bei mir nicht geändert. Mein ganzes Leben habe ich mir etwas gekocht und das auch noch sehr gerne. Und das kommt mir nun zu Gute.

# Über REWE, EDEKA, LIDL und ALDI

Vor ein paar Tagen hat der REWE-Supermarkt in meiner Nähe geschlossen. Alles wird neu. Wir werden es dann bei der Wiedereröffnung an den Preisen sehen. Eine Verkäuferin hat mir erzählt, dass er erst in sieben Wochen wieder aufgemacht wird. Daraus sind inzwischen drei Monate geworden. Es geht mal wieder wie überall in diesem Land, um den Profit. Wenn sie wissen wollen, wie reich die Besitzer der vier großen Supermarktketten (REWE, EDEKA, LIDL, ALDI!) sind, sie sind alle vier Milliardäre geworden. Natürlich wird jetzt alles schöner und die Waren teurer. Und die Bio-Ware erscheint auch immer öfter in den Regalen. Schön, auch teurer, leider nichts für uns Arme. Die großen Vier bestimmen in schöner Regelmäßigkeit die Preise, immerhin beherrschen sie den deutschen Markt. Das sind 85 %! Es ist schwierig, dem zu entkommen.

In den Regalen liegt dann alles, in Kunststoff verpackt, nur noch in vorgegebenen Größen. Braucht man mehr, kauft man auch mehr Kunststoff. Ich verstehe das alles nicht mehr. LIDL hat seinen Markt ebenfalls umgebaut: Die Kühlschränke haben sie um das Dreifache erweitert. Bei REWE ist für Wursttheken dann kein Platz mehr. Dort wurde man früher so bedient wie beim Metzger auch. Das übernehmen heutzutage die Kühlschränke mit ihren Plastikverpackungen. Braucht man zum Beispiel 150 Gramm Schinken, muss man, wohl oder übel, zwei Mal 100 Gramm plus Plastik kaufen.

Das heißt aber auch, dass die Preise in jedem Markt der großen Ketten ähnlich hoch sind. Das fängt schon bei den Erzeugern in der dritten Welt an. Die können davon kaum leben. Und hört bei den Bauern auf: Landwirte, die ihre Schweine aufziehen, bekommen derzeit weniger für ihr Fleisch, als die Aufzucht hergibt. Der Konsument muss aber für ein Kilo Schweinefleisch 4 % mehr zahlen als vor einem Jahr. Kein Wunder, dass die Bauern sauer sind, viele geben auch auf. Dabei gab es mal eine soziale

Marktwirtschaft, oder gibt es die eventuell noch rudimentär? Was die großen Vier (Edeka, REWE, LIDL und ALDI!) nicht stört. Ganz im Gegenteil. Natürlich kommt das uns Armen manchmal entgegen, so denken die. Wir sind immerhin 12 % der Bevölkerung. Obwohl ich auch zur „Tafel" gehen muss, würden mich höhere Preise für „Dritte Welt" Produkte oder die von Ökobauern eigentlich nicht beunruhigen. Obwohl ich sie mir dann leider nicht leisten kann.

Aber die Umwelt wird weiter mit Kunststoff vermüllt, im Meer schwimmt er, und auch in fernen Kontinenten tauchen deutsche Plastikprodukte auf. Weil in Deutschland nur ein kleinerer Teil entsorgt wird, nimmt neuerdings den großen Rest das Ausland auch nicht mehr ab. Wie geht das weiter? Es ist doch kontraproduktiv: Wir brauchen ihn nicht unbedingt, und die Plastikindustrie macht jedes Jahr höhere Umsätze und wir können ihn nicht komplett entsorgen? Müsste dies nicht umgekehrt sein? Jede Woche ist bei mir eine Tasche mit Plastikmüll voll, reif für die Kunststoffcontainer. Teilweise auch von der „Tafel", man entkommt dem eben nicht.

Habt ihr das gewußt: Da haben diese vier Monopolisten doch der Bundeskanzlerin suggeriert, die Lebensmittelpreise müssen so niedrig sein, dass die Armen, ich zum Beispiel, also dass sich die ca. 15 Millionen Arme in Deutschland es sich auch leisten können, bei ihnen einzukaufen. Sie haben eben ein „Herz" für Arme, ich habe das immer vermutet.

Niedrigpreise sind natürlich die Grundlage für Sozialpolitik. Christliche Parteien sehen das so und haben sich dadurch erpressbar gemacht. Und Konzerne beeinflussen maßgeblich die Höhe von Hartz IV! Ich habe es ja schon öfter erwähnt, Uns steht eben der Regelsatz von 432 Euro als Alleinstehender zur Verfügung. 150 Euro für Essen und Trinken bei einem Tagessatz von ca .25 Euro. Davon soll man drei Mahlzeiten pro Tag finanzieren nebst diversen anderen Ausgaben. Tag für Tag vollführe ich so dasselbe

Kunststück. Der Exkanzler Gerhard Schröder hat ja damals zur Berechnung von Hartz IV die Aldi-Preise herangezogen. Hier hat sich bis heute nichts geändert. Der Altkanzler hat damals nicht nur den größten Niedriglohnsektor Europas geschaffen, die Zuzahlungen (Kleidung!) abgeschafft, sondern so die Armut in Deutschland endgültig instrumentalisiert und dabei auch noch die SPD ruiniert. Ein Herz für Arme hatte dieser „Brioni"-Kanzler ja nie, siehe Agenda 2010. Man kann schließlich nicht nur die Reichen bewundern, ihre endlose Kapitelvermehrung erleben und dabei noch Zeit für den Rest der Gesellschaft aufbringen!

Übrigens, alles, was wir von der Tafel „gespendet" bekommen, stammt von den großen Vier: Aldi, Edeka, Rewe und Lidl!!!

Eine Sache geht mir in diesem Zusammenhang auch nicht mehr aus dem Kopf: Ich wollte einmal ein großes Stück Schweinefleisch, in Folie verpackt, aus dem Regal nehme, da fällt es mir aus der Hand. Die Folie bekommt einen Riss. Ich zeige das einer Verkäuferin. Sie meint, das müsse sie nun entsorgen (wegwerfen!). Ich kann das nicht glauben. „Geben Sie mir das so wie es ist, vielleicht billiger?" meinte ich. "Nein, nein, das gehe gar nicht". Sie wirft das Fleisch, so wie es ist, in den Abfallcontainer. Der ist noch dazu mit einem Vorhängeschloss abgesperrt. Damit es ja keiner aus dem Müll holt. Einer, der kein Geld, aber Hunger hat, könnte ja auf die Idee kommen, es rauszuholen. Das will auch der Gesetzgeber nicht. Ein saudummes, unsoziales Gesetz ist das. Das wäre ja Diebstahl!

Beim Containern bleibt das Recht humorlos. Zwei Studentinnen wollten es genau wissen. Sie hatten eines Nachts Lebensmittel aus einem Container des nahen Supermarkts „geklaut", und wurden angezeigt. Das Urteil des Bundesverfassungsgerichts, das sie anriefen, fiel leider so paragrafentrocken aus, wie solche Urteile oftmals nur ausfallen können: "Containern ist und bleibt Diebstahl, auch dann, wenn die mitgenommene Ware komplett! wertlos! ist!!!“. Sie führten weiter aus: „Das Bundesverfassungsgericht kann diese Entscheidung nicht darauf prüfen, ob der Gesetzgeber die zweckmäßigere, vernünftigere oder gerechteste Lösung gefunden hat:“ Na gut, es landen in Deutschland ja nur 13 Millionen Tonnen Lebensmittel im Müll. Vielleicht wäre es einmal eine Aufgabe für unsere Abgeordneten in Berlin, sich dieses Problems anzunehmen.

Denn wo bleibt da der Respekt vor der Nahrung?! Dabei fällt mir ein, vor einiger Zeit habe ich im Karstadt die Rechnung für ein bisschen Essen nicht bezahlt. Das nennt dann der Gesetzgeber „Mundraub“! Das Essen aus den Abfalltonnen zu holen, wäre dann wohl auch „Mundraub“! Das hat was...!

Irgendwie gehe ich jetzt in den Supermarkt, als wäre es das erste Mal und stand vor dem Markt zuerst mit dutzenden anderen in Reih´ und Glied. Brav im Abstand von 1,5 Meter. Und so wird man dann auch herein gewunken, einer nach dem anderen, klar. Mundschutz an, nicht vergessen. Die hat schon etwas, diese Corona-Viren-Zeit!

Früher habe ich am Arm eine Uhr getragen, jetzt ist es ein Mundschutz. Es muss sein, meistens vergesse ich ihn. Klopapier brauche ich auch nicht – zu was hat man denn Finger (“!“) - nicht mal in der Altersfürsorge, Hefe auch nicht. Mehl und Zucker schon. Wenn man so gerne backt wie ich. Viel war nicht mehr im Regal. Also, an den Mundschutz kann ich mich einfach nicht gewöhnen und trage ihn auch nur im Supermarkt. Natürlich kaufe ich nur das, was die „Tafel“ nicht hergibt. Bei meinem Budget.

**Mein Karstadteinkauf**

Oweh, Oweh… kein guter Tag heute. Als erstes bin ich an diesem Samstag um 4Uhr30 aus dem Schlaf geklingelt worden. Falsch verbunden, na klar. Aber das war`s noch nicht. Es ist Ostersamstag: Das heißt, einkaufen für die Feiertage.

Vormittags habe ich mir im Kaufhaus was zum Essen kaufen wollen. Nur, das Geld kurz vor Ende des Monats war fast alle. In der Lebensmittelabteilung hatte ich alles beisammen. Dann tat ich etwas, was du nicht tust: Ich habe mir ein paar Sachen für insgesamt 12.Euro „ausgeliehen“! Hatte halt Hunger und zu wenig Geld dabei. Natürlich ist das am Rande der Legalität, das fand der Hausdetektiv auch nicht so gut. Muss mich der ausgerechnet in dem riesigen Untergeschoss finden, und das wegen 12.- €!

Bedröppelt folgte ich ihm durch das riesige Haus, die Treppe hinauf in den 1. Stock. Im hintersten Eck war er zu Hause, ein winziges Kammerl nur. Aber mit 4 bis-6 Bildschirmen. Zuerst alles ausleeren, auch die Teile, die ich woanders gekauft und auch bezahlt hatte. Die durfte ich natürlich behalten, (Rechnung), das andere war:

| | |
|---|---:|
| ein Stück Rindfleisch, 300 Gramm | 4,92 € |
| Rinderleber, 160 Gramm für meine Katze | 1,80 € |
| Ein Säckchen Zwiebeln | 2,39 € |
| ein Glas Bratensoße | 2,99 € |
| macht insgesamt | 12,10 € |

Das war´s dann, plus die Belehrung: Ja, ich habe das alles nicht bezahlt. Na gut, ich habe so etwas noch nie gemacht (bin somit nicht in ihrem Computer!), ja, ich darf ein Jahr lang nicht mehr das Haus betreten, und ja, ich bin bereit, 100 Euro Strafe zu zahlen. Aber wo bekomme ich die jetzt so schnell nur her? Eine Bekannte hat mir etwas später aus dieser Klemme geholfen. Willst du den Wert des Geldes kennen lernen, musst du welches borgen.

Und das war es noch immer nicht: Er hat auch noch die Polizei verständigt. Die kam, nach 1,5 Stunden! Ausweis hatte ich natürlich auch nicht dabei. Das machte sich gar nicht gut, aber sie fanden auch so meinen Namen samt Adresse. Die Informationen für den Vorfall gaben sie an die Staatsanwaltschaft weiter. Nach diesem dürftigen Vorfall können sich jetzt die Polizisten wichtigeren Ereignissen, der Aufklärung von Raub- und Mordvorfällen zum Beispiel, zuwenden. Endlich durfte ich gehen. Man kann sich ja vorstellen, wie ich mich an diesem Wochenende gefühlt habe.

Sollte ich allerdings nochmal „zulangen", wird die Strafe bei Karstadt höher sein. Gott sei Dank bin ich jetzt NICHT vorbestraft, bin jedenfalls geheilt! Ihr werdet es nicht glauben, aber die Feiertage waren versaut!

Die neueste Info: Dieser Kaufhof schließt jetzt für immer, hier bei mir um die Ecke. Hoffentlich nicht wegen mir, das wäre ja furchtbar. Denn die einjährige Sperre, Hausverbot (!), wäre jetzt abgelaufen. Ich hätte dann so oder so immer alles bezahlt, bestimmt!

Es gibt ja noch mehr Häuser der Karstadt/Kaufhof-AG in München. Wenn ich mir vorstelle, ich habe in dem Haus eingekauft und sie schließen es dann nur wegen mir. Jetzt wird es abgerissen. Bloß, weil ich einmal nicht bezahlt habe?! Hölle, Hölle, Hölle!


**Nur die Staatsanwaltschaft**


Vor ein paar Wochen bin ich, wie schon erwähnt, von einem Kaufhaus-Detektiv erwischt worden: Ich hatte meinen „Einkauf" nicht bezahlt. Der Staat vergisst nichts. Die Staatsanwaltschaft hat nun verfügt, gemäß § 170 Absatz zwei der Strafprozessordnung das Ermittlungsverfahren wegen „Mundraubs" einzustellen.

Ein Rechtspfleger der Münchner Staatsanwaltschaft teilt mir das in einem Schreiben mit. Das heißt, dass ich nicht vorbestraft bin. (Gut, dass ich kein Dienstfahrzeug der Polizei „geklaut" habe, das wäre dann aber auch kein Mundraub!) Gott sei Dank nimmt er meinen Status als Sozialhilfeempfänger mit Grundsicherung zur Kenntnis. Bei 432 Euro monatlich haben wir eine Möglichkeit gesucht, die fällige Strafe mit mir möglichen Raten abzustottern. Einen weiteren „Mundraub" wird es nicht mehr geben! Ganz bestimmt nicht. Tja, staatliche Gerechtigkeit und private, gefühlte Gerechtigkeit geht nicht zusammen – es knirscht viel zu oft!

## 11. KAPITEL: Verschiedenes

### Blutspenden

Schon lange vor meiner Rente habe ich gerne Blut gespendet. Meistens beim Blutspendedienst der Stadt München. Den gibt es leider nicht mehr. Nun, irgendwann hat man mich damals auf eine andere Möglichkeit der Spenden aufmerksam gemacht. Die Leukemiekranken sind hier dringend darauf angewiesen. Die Krankenhäuser müssen sich diese Spenden inzwischen schon aus dem Ausland, den USA zum Beispiel, besorgen. Ein- bis zweimal im Monat habe ich nun dafür Thrombozyten gespendet. Das sind Blutplättchen, die diesen Kranken helfen. Es ist schon eine bösartige Erkrankung, die Überproduktion von weißen Blutkörperchen: der Blutkrebs.

Damals als Rentner war ich froh, regulär in paar Euro dazuverdienen zu können. Das sind monatlich 70 Euro pro Spende. Ein paar Jahre ging das gut. Plötzlich heißt es, ich bin zu alt! In ganz Deutschland kann man spenden solange man gesund ist. Nun hat ein bayrischer „Sesselfurzer" verfügt, gegen den Rat der Ärzte, dass man ab einem bestimmten Alter nicht mehr spenden darf. Egal, auch wenn man gesund ist.

Eine gute Stunde sitzt man sonst an einer dieser Maschinen und tut gleichzeitig Gutes. Beim letzten Mal haben mir, dem langjährigen Spender, die technischen. Assistentinnen ein kleines Geschenk gemacht. Es hat mich überrascht und sehr gefreut. Sie alle werden mir abgehen. Und ich muss mir wohl oder übel eine andere Einnahmequelle suchen. Das ist heutzutage nicht so leicht für einen alten Rentner.

**Alles über Sesselfurzer und Vorortspiesser?**

Ich mag „Sesselfurzer" (Bürokraten) und Vorortspießer nicht. Das sind Menschen, die in einem Büro, einem Hinterzimmer, dahindämmern und einmal durch einen Gedankenblitz einen Schluckauf bekommen. Leute eben, deren Interesse und Neugier sich auf einem Bierfilz konzentriert. Hurra, ich lebe noch!

Also, lieber Leser: Findet ihr nicht auch, dass dieses Land von Jahr zu Jahr spießiger wird? Alles wird reglementiert, Verbote über Verbote. Du darfst dies nicht und das nicht und das andere geht auch nicht mehr. Von der Pandemie gar nicht zu reden. Ich kann es einfach nicht glauben, es macht mich ein Stück weit wütend. Und alles auf Kosten der Individualität.

Hallo, wer auch meiner Meinung ist, der möge bitte die Hand heben!!

Hier mehrere Beispiele: Seit Jahren spende ich Blut bzw. Thrombozyten, es hilft Leukämiekranken, am Leben zu bleiben. Überall in Deutschland kann man solange spenden wie man fit UND gesund bleibt. Nur in Bayern nicht. Ein „Sesselfurzer" will es nicht. Kein Mensch und schon gar kein Arzt versteht das.

Ein anderes Beispiel: Vor gut zehn Jahren hat es in unserem Zählerraum gebrannt. Ein kleiner Schmorbrand mit viel Rauch. Die Feuerwehr hat ihn schnell unter Kontrolle bekommen. Seitdem kommt jedes Jahr ein Feuerpolizist zu uns, um nach dem Rechten zu sehen. Er hat gewiss eine Lebensstellung. So schnell bekommt man solche Leute nicht mehr los.

Jahrzehnte lang hatte ich keine Rauchmelder. Der Gesetzgeber hatte endlich ein Einsehen: Er hat die ganze Nation dazu verpflichtet, ohne geht nicht mehr. Ich habe endlich (?) drei Rauchmelder bekommen. Wieder etwas, was die Menschheit dringend (?) braucht. Reine Ansichtssache!? Natürlich verunzieren sie eine Decke. Zwei sind in den anderen Räumen, einer in meinem Schlafzimmer. Da gehört ein Rauchmelder auch hin. Und der gibt partout keine Ruhe. Während die anderen ihren Winterschlaf halten, meldet sich der im Schlafzimmer alle paar Wochen. Und zwar immer dann, wenn ich einschlafen will. Vielleicht sollte ich mit ihm mal reden, ihn auch mal streicheln. Leider werde ich immer grob. Ich glaube, der hasst mich!

Mein Freund Werner und ich waren mal selbstständig und leider in keiner gesetzlichen Krankenkasse. Wir waren bzw. ich bin noch Sozialhilfeempfänger. Mussten wir zum Arzt, waren wir Privatpatienten. Das hat ein Hinterbänkler in Berlin, dem Bundestag, endlich (?) geändert. Wir bekamen eine lange Liste von Krankenkassen zugeschickt und konnten uns eine aussuchen. Normalerweise bekommt man im Alter keinen Zugang mehr zu den gesetzlichen Krankenkassen. Das war auch das einzige, was mich in der Zusammenarbeit mit der Sozialhilfe gefreut hat. Endlich eine gesetzliche Krankenkasse im Alter.

Noch so ein schönes Beispiel gefällig: Jahrzehntelang konnte man in einem See bei München zu einem Schwimmfloß schwimmen und sich dort sonnen. Ab sofort ist das verboten, wie auch von Sprungtürmen springen. Die zuständigen Gemeinden oder Städte sind ab jetzt (nach siebzig Jahren!) verantwortlich bei etwaigen Unfällen. Fall, ja falls…? Das ändert sich jetzt, weil ein Gericht verfügt hat, falls in einem See ein Mensch ertrinkt, der zuständige Bürgermeister haftbar gemacht werden kann. Warum sollen nach 50 Jahren nicht auch mal Richter einen „Geistesblitz" haben? Übrigens, solche Seen werden nun abgesperrt!

Jeden Donnerstag bekomme ich von der Münchner „Tafel" Essen ausgehändigt. Die Ausgaberäume befinden sich in einem alten, aufgelassenen Friedhof. Adolf Hitler hat ihn 1940 schließen lassen. Da nun niemand mehr beerdigt wird, können die Anwohner ihn seit 50 Jahren auch privat benutzen: Zum Spazierengehen, Sport treiben oder sich ausruhen oder erholen. Ein „Sessel-furzer" bekam wieder mal eine Idee: Ab sofort muss der

Park von zwei Personen täglich überwacht werden, Zwei in Phantasieuniformen, Langzeitarbeitslose sind das möglicher Weise. Warum das jetzt nach so vielen Jahren nötig ist, man weiß es nicht?

Ich bin mir ziemlich sicher, in Zukunft müssen wir uns keine Sorgen bezüglich der „Spießer" machen und ihren „Aufgaben". Sie finden immer eine Neue. Man glaubt es kaum, aber ich mag sie nun mal nicht. Ich muss das wirklich nochmals erwähnen, auch wenn ich mich damit wiederhole.


### Die „Jörg-Pilawa-Show"

Es ist Ostersonntag. Meine Freundin Marieluise und ich treffen uns in einem Hotel in der Paul-Heyse-Straße in München. Nicht nur wir, auch andere und weswegen? Es fand damals das Casting für die „Jörg-Pilawa-Show", ein Quiz, im hinteren Teil des Hotels statt. Zuerst wollte ich mich mit meinem Freund Werner anmelden. Doch er sah eigenartigerweise mögliche berufliche Nachteile für sich. Gott sei Dank muss ich nicht alles verstehen. So stand mir jetzt meine Freundin zur Seite.

Fünfundzwanzig Paare saßen vor uns, sie alle sollten sich zuerst mal gegenseitig vorstellen. So witzig wie möglich! Vorne wurden wir von einem Team mit einer Filmkamera aufgenommen. Es wurde rundum gelogen, dass sich die Balken bogen. Und wen, außer „Jörg Pilawa", noch alle lieben: Meinen lieben Mann, meinen sehr lieben Freund und den Nachbar sowieso. Anschließend mussten 25 Fragen, die auf einer Leinwand auftauchten, schriftlich beantwortet werden. Fragen zur Allgemeinbildung sind schnell gestellt und beantwortet. Na ja, auf vier davon hatte ich auf die Schnelle keine Antwort. Natürlich war ich nervös und es war bei „Todesstrafe" verboten, beim Nachbarn abzuschreiben.

Nach einer kleinen Pause das Finale. Es kamen nur die „Lustigsten" weiter.

Das Ergebnis der Fragen blieb im Dunklen. Wir waren nicht darunter, sollten wir nun den Ostersonntag als versaut betrachten? Man kann sich ja nochmal bewerben und so ins Abendprogramm kommen. Und ich werde dann so etwas von lustig sein und ein ganz berühmter Fernsehstar werden. Ganz bestimmt!!?? Also vorher üben, üben, üben...


## Fernsehen: Unsere Konsumentensprache

Was bleibt einem schon, wenn der Tag immer länger und länger wird: Man greift zur Fernbedienung. Früher war das anders. Ich hatte interessantere Aufgaben. Irgendwie bin ich mit der Zeit süchtig geworden nach der „Kiste". Ist schwer, das zu ändern. Als Bildungsbürger bin ich nachmittags gerne bei ARTE und 3SAT zu Hause. Ich höre nicht auf und lande später bei den Öffentlich-Rechtlichen. Was gibt es Schöneres, als abends beim Abendessen vor dem Fernseher mit der Werbung über nasse Achselhöhlen, schlechtem Atem, Zahnfleischbluten, unreine Haut, fettige Haare, Schuppen, Verstopfung und dreckige Küchen drangsaliert zu werden. Und so nehme ich sie wahr:

In der Werbung hört man sie, ob man will oder nicht, die Konsumentensprache! Nur Wehwehchen in den Spots, die ich, Gott sei Dank, nicht habe. Aber viele für ältere Mitbürger! Man ist eben so alt, wie man sich fühlt. Die öffentlich-rechtlichen Fernsehsender gehen ja sowieso davon aus, dass nur Rentner zusehen. Und für die ist auch die Werbung gemacht. Da hilft auch die innere Unruhe nicht weiter, der Wirkstoff für einen gestressten Darm nicht oder auch etwas, das gleichzeitig die Sexual-funktionen schützt, wegen müssen müssen, und immerhin gibt es etwas, das meine Muskeln vitalisiert, ist gegen Fettleibigkeit im Alter möglicherweise. Sachen gibt`s!

Für den Intimbereich gibt´s auch was! Inkontinenz hierbei nicht zu vergessen, den Harndrang eben. Natürlich. Wo kämen wir ohne hin! Einem Single wie ich. Jetzt noch was schnell zum Durchschlafen. Da habe ich schon vorher das aktive Mittel für gesunde Knochen vergessen, vor dem Einschlafen, gell! Was es nicht alles gibt. Noch ein magischer Moment: ein IKS-Sofort-Los sichern. Die Chancen stehen nur eins zu zehn Millionen. Noch Fragen? Dabei gewinnt jedes zweite Los, glauben die. Aber was, welche Einsichten? Zu Risiken und Nebenwirkungen lesen Sie den Beipackzettel oder fragen sie, falls sie ein Hörgerät benötigen, auch einen Arzt. Oder wenn sie wollen. Aber beim Zahnfleischbluten bitte sofort den Notarzt rufen! Auch Lesen ist etwas, was Gesund macht, gegen meine innere Unruhe zum Beispiel. Dabei soll Lesen schee machen… Jetzt hätte ich es beinahe vergessen, vorher noch etwas für meine gesunde Haut zu nehmen. Und wenn ich meine Tränensäcke wegmache, sehe ich in etwa aus wie ein falscher Fünfziger. Übrigens, ohne das meistgekaufte Bett müsste man ja auf dem Boden schlafen und so eventuell Schlafprobleme bekommen. Da hilft dann auch kein Mittel mehr zum Durchschlafen. Glücklich ist der Mensch, der hat, was gut für ihn ist. Klar, gegen eingeschränkten Humor gibt's nix. Oder doch…?

Interessant ist, wie die öffentlichen Fernsehprogramme, das Erste und dem ZDF, ihre Zeit voll bekommen. Bei der ARD bin ich zum Beispiel auf fünfzehn Krimis pro Woche gekommen, inklusive Wiederholungen natürlich. Natürlich, sie wollen (müssen!?) doch sparen. Damit sie es für Sportübertragungen (wie beim Fußball zum Beispiel!) wieder ganz schnell ausgeben können.

Ganz schlimm sieht es beim Zweiten Deutschen Fernsehen aus. Man glaubt es kaum, es sind über vierzig (!) Krimis pro Woche. Es sieht nicht so aus, als hätte die zuständige Programmredaktion viel zu tun. RTL würde sie umgehend im Dschungelcamp entsorgen. Wirklich vierzig. ja: Die Hafenkante, Soko Wismar. Die „Rosenheim Cops" müssen auf jeden Fall jeden Tag gesendet werden. Jetzt auch noch Sonntagnachmittag. Noch besser ist es allerdings dreimal, am Vormittag, Nachmittag und auch abends. Wenn es geht, auch noch in den dritten Programmen. Vielleicht sollte ich mir auch einmal eine Folge reinziehen. Also, warum die auch noch wiederholt werden? Die Öffentlichen machen eben immer öfter Programme nur für uns Rentner? Man könnte ja eine Folge verpassen oder die Zeit für etwas Anderes nutzen!

Oder ist es nicht so, dass ich einmal gehört habe, dass auch diese Krimis zur Unsicherheit und Angst im Alltag führen? Dabei leben wir doch in einem der sichersten Länder der Welt.

Was mich aber immer ungemein beruhigt, ist, dass die Herren und Damen Polizisten jeden Fall in fünfundvierzig bzw. neunzig Minuten lösen. Wie im richtigen Leben eben...! Da hätte ich noch einen Typ für die Polizei: Der Hässliche ist immer der Täter und mit dem Guten geht eine Schöne am Schluss regelmäßig ins Bett. Vielleicht sollte ich auch mal was Anderes als Fernsehkrimis sehen?

Zurzeit haben die öffentlich-Rechtlichen ja kein Problem mit der Programmgestaltung. Sie übertragen ja nur neun Stunden lang pro Tag den Wintersport (?) und dass mehrmals die Woche. Der Vorteil: Ich kann mich zum Beispiel endlich Stunden lang damit beschäftigen, die Wohnung aufzuräumen. Zeit genug zum Entwöhnen! Es ist schon wahr, dass man heutzutage in dieser Fernsehwelt mit viel zu viel Pilcherplörre und Krimiquark zu gedröhnt wird.

Aber jetzt schnell noch die Zähne geputzt, damit ich auch morgen noch herzhaft zubeißen kann. Und übermorgen auch...

## Das Münchner Kulturleben

Gott sei´s geklagt: Ich bin schon froh, wenn ich die Zeit vor dem Ersten eines Monats finanziell unbeschadet überstehe. Von einem wirklich reichhaltigen Kulturleben kann ich da nur träumen. Bücher lesen klappt noch, die eigenen bin ich inzwischen weitgehend durch, und neue kann man sich ja ausleihen. Manchmal habe ich bei „Amazon" welche bestellt. Was haben die eigentlich nicht: Jedes Exemplar von neu bis fast neu und letztendlich schon einmal benutzt. Diese gebrauchten Taschenbücher zum Beispiel habe ich mir, wie gesagt, schon mehrmals bestellt. Die Stadtbibliothek wird nur dann heimgesucht, wenn es ein sehr seltenes Exemplar sein soll. Eine gute Idee, finde ich, sind die neuen Bücherregale, die jetzt im Freien stehen. Jeder kann sich dort Bücher holen oder eigene Bücher dort einsortieren. Das sollte ich mal mit meinen alten Büchern, die niemand mehr liest, auch machen. Das Abstauben vorher nicht vergessen!

Aber fürs Theater, die Oper und Konzerte, auch das Kino, fehlt mir eben das Geld. Aber die Zeit dafür hätte ich ja. Und das nicht mitmachen können, das geht mir so was auf den Zeiger. Durch einen Zufall bin ich auf den Verein „Kulturraum" gestoßen. Zwei liebe Mitmenschen vermitteln dort kostenlose Karten für Konzerte und andere Veranstaltungen. Für uns, die wir dafür kein Geld haben. Oh ja, ich werde das sofort nutzen! Mit meinen Unterlagen vom Sozialamt, die man vorlegen muss, wird das hoffentlich kein Problem sein? Rund 11000 von uns Sozialhilfeempfängern sind dort schon registriert. Wie gesagt: Der „Kulturraum" vermittelt schon seit 2011 sehr professionell mit großem ehrenamtlichen Einsatz kostenfreie Eintrittskarten, die die Kulturveranstalter zur Verfügung stellen, an Menschen wie demnächst auch für mich. Man glaubt es kaum, die haben schon über 100 000 Tickets verschenkt! Jetzt freue ich mich unendlich auf meine erste Veranstaltung. Weil es mir halt so wichtig ist, endlich daran teilhaben zu dürfen. Mein Wohlbefinden eben. Und ich bin neugierig auf die ersten Anrufe, nach denen ich die Karten an der Abendkasse abholen kann. Geschenkte Kultur – toll!

Coronazeit! Es ist schon eine Tragik, dass mit der Kultur und denen, die davon leben müssen. Alle werden sie jetzt vom Staat bevorzugt, bzw. unterstützt: Die Industrie, der Einzelhandel, das Hotel- und Gaststättengewerbe und die Lufthansa/Bahn, auch Reiseunternehmen, alle bekommen ihren Teil. Coronazeit!

Aber wo bleiben die, die bei Funk, Film und Fernsehen arbeiten, die Künstler und Sänger, Architekten samt den Ingenieuren, die Kinos, sowie letztendlich die, die in den Theatern oder auf Messen ihre Arbeit verrichten?

Die Bundeskanzlerin will mal schauen, ob für die Selbstständigen noch etwas in der Kasse ist! So wie es aussieht, wird da nicht mehr viel kommen.

Es ist schon ein Kreuz mit uns Künstlern: In den guten Zeiten freut man sich auf unsere Fähigkeiten und Präsentationen: die der Musik zum Beispiel oder dem Schauspiel, dem Schreiben. Ich kann ein Lied davon singen. Coronazeit – garstige Zeit!

Ich glaube, die Paradiese der Vergangenheit sind verloren und kommen so nicht wieder.

**Tollwood-Festival**

Zweimal jährlich findet in München eine irre Veranstaltung, statt: das „Tollwood"-Festival. Im Frühsommer und von Anfang Dezember bis Sylvester. Und einmal im Juni/Juli ganz in meiner Nähe. Das ganze Jahr über ist die riesige Fläche im Olympiagelände eine Kieswüste, so leer, wie so eine nur sein kann. Und dann, plötzlich von einem Tag auf den anderen, entsteht hier eine faszinierende kleine Stadt und das nur für vier Wochen.

Vor vielen Jahren war das ein überschaubares Fest mit ernstem Hintergrund. Zeigt alternatives Leben für Aussteiger und weniger Angepasste. Und was ist es heute? Eine einzige Fressorgie. „Fünfhundert" Möglichkeiten, Essen aus aller Herren Länder zu konsumieren und Stände mit Sachen, die niemand braucht, oh ja, die gibt es auch. Dazwischen liegen immerhin auch große Zelte in denen interessante Darbietungen wie Konzerte und ähnliches stattfinden.

Eines zieht mich jedes Jahr immer wieder an: Das Tanzzelt, logisch. An verschiedenen Tagen ist dort entweder Tangotime, auch Salsa oder die Standardtänze werden von Tanzschulen an verschiedenen Tagen angeboten. Na gut, tanzwütige Damen findet man immer dort, und so wird es auch für mich ein Fest.

Übrigens, in der Nähe bietet ein Stand seit Jahren ungewöhnliche Weine an. Ich wollte einmal den Kirschwein versuchen. Und immer komme ich zu spät, er ist meistens schon sehr früh ausverkauft. Dabei würde ich zu gern wissen, wie er mir schmeckt.

Ich weiß ja nicht, ob München eine Fahrradstadt ist, Hier sieht es zumindest so aus. Wenn ich komme oder gehe, abends meistens, fallen mir die vielen tausend Fahrräder vor dem Gelände auf, so viele habe ich noch nie auf einem „Haufen" gesehen. Ich frage mich schon, wie finden denn die Besucher, auch in der Dunkelheit,

ihren Drahtesel wieder? Nicht mein Problem, ich bin zu Fuß unterwegs. Auch wegen des Alkohols und der Nähe.
 2020 ist Coronazeit – es fällt leider dieses Jahr aus, das Fest für tausende Besucher! Man weiß ja nicht, wie es so weitergeht. Im Winter, zur Weihnachtszeit, gibt es ja wieder ein Fest: unser „Tollwood"! Vielleicht?
Leider, leider fällt auch 2021 das Fest aus, wie so vieles andere auch. Und 2022 auch. Und man glaubt es kaum, auch die „Wies´n", jetzt schon das dritte Mal.
**Wo die mir so ungern fehlt!**


## Mein neuer Baustoff

 Es ist schon verrückt, das mit diesem Baustoff. Der hat mir viel Zeit gekostet, und jetzt bringe ich ihn halt in die Öffentlichkeit, in  meinem Tagebuch eines Sozialhilfeempfängers:
 Durch einen Zufall bin ich auf diese interessante Geschichte gestoßen. Da ich ein neugieriger Mensch bin konnte ich die ganze Angelegenheit mit dem Baustoff damals nicht auf sich beruhen lassen. Also, das ist die ganze Geschichte:
 Mein Nachbar hat 1989 zusammen mit einem Architekten auf der Erfindermesse in Montreal/Kanada die Zusammensetzung dieses neuen Baustoffs für sehr, sehr viele Dollars erstanden. Ursprünglich stammt diese Erfindung noch aus der damaligen UDSSR.
 Auf jeden Fall haben sie das gleich in Kanada und auch in Europa als Patent angemeldet. Ihr Fehler war, dass sie die jährlichen Zahlungen an die Patentämter in Kanada und auch in Deutschland verstreichen ließen und so ihre Patente verfielen. Der eine Partner starb und der andere, mein Nachbar, zog inzwischen gesundheitshalber in ein Altersheim. Die Unterlagen lagen inzwischen leider im Müll. Ich habe sie wieder herausgeholt!

Nun zu meinem Baustoff: Ich habe das alte Patent als Grundlage genommen und will ihn in einer neuen Zusammensetzung beim Deutschen Patentamt anmelden. Wir haben eine Zeit der Nachhaltigkeit. Das heißt zum Beispiel: Beton herzustellen wird immer teurer, der Kies immer seltener, und alter Betonschutt muss auch wiederverwandt werden. Trotzdem ist die Baubranche mit 40% an den Weltemissionen beteiligt, mit 40 %!!!

Mein neuer Baustoff ist aus anderem Material und hat neben der günstigen Herstellungsweise viele weitere Vorteile, Schalldichte und Hitzebeständigkeit zum Beispiel. Das heißt auch, dass er um vieles günstiger und schneller herzustellen ist!

Der Nachteil ist: Um ein Patent anmelden zu können, muss die Zusammensetzung professionell verbessert, also erweitert werden. So ist er zu diesem Zeitpunkt wenig wert. Deshalb habe ich mir nun das Wissen angeeignet, um ihn weiter zu testen. Dann kann ich ihn nochmal patentieren lassen.

Es ist ein komplizierter und weiter Weg bis zur Produktionsreife: Zuerst muss man eine Firma finden, die ein Probestück des neuen Baustoffs in seiner neuen Zusammensetzung als Muster herstellt. Dann muss er in einer Materialprüfungsanstalt auf „Herz und Nieren" geprüft werden.

Als Nächstes muss ein Patentanwalt das neue Patent ausarbeiten und dann beim Deutschen Patentamt einreichen. Erst jetzt hat dieser Baustoff einen Wert. Und von was, bitte schön, bezahle ich armer Wicht diese Vorgaben?

Man möchte es nicht glauben, alle reden über das Klima. Ich auch. Alle reden über neue Materialien, um billiger und nachhaltiger Häuser zu bauen. Ich auch. Jetzt müssten eigentlich die vielen Vorzüge meines Baustoffs für sich selber sprechen. Aber nichts da, niemand interessiert sich bis jetzt dafür. Was mich besonders ärgert: Deutschland ist ein sehr reiches Land. Und in keinem Land werden mehr Patente eingereicht. Das

Interesse der deutschen Investoren und die Unterstützung von kompetenter Seite ist allerdings mehr als mangelhaft!

Wo ist denn nur der Mut für Neuentwicklungen geblieben? Wahrscheinlich muss ich mich doch im Ausland umsehen!? Allerdings ist es für einen armen Sozialhilfler ohne Geld und Beziehungen sauschwer, an solche möglichen Investoren zu kommen.

Ich möchte es so gerne sehen, wie der Baustoff im Baugewerbe verwendet wird. Und ich hätte wieder eine Aufgabe und würde mich auch mit aller Kraft dafür einzusetzen.

Zurzeit hänge ich nur so rum, bin unzufrieden. Ich kann mich nicht damit zufriedengeben, mit meinem Wissen einfach aufs Altenteil abgeschoben zu werden. Trotzdem, aufgeben geht nicht. Ich werde es weiterhin unverdrossen versuchen, meinem Baustoff die nötige Aufmerksamkeit zukommen zu lassen. Auch wenn mir letztendlich die Zeit davonläuft!

**Wie gesagt, wer nicht geht mit der Zeit – der geht mit der Zeit!**

## Sozialamt: Es wird ernst!

Ich bin wieder mal ins Sozialamt gerufen worden. Es kommt meist nichts Gutes von dort. Also alte Jeans anziehen und die devote Einstellung mitbringen, jetzt, mach´ ich ganz bestimmt den richtigen (!) Eindruck. Ich lag richtig: Irgendwer hat mich dort angeschwärzt. Ich kann es mir denken!? Es war der „liebe" Mieter im Parterre direkt unter mir! Meine Kontoauszüge der letzten drei Monate sind nun mitzubringen. Das haben sie jahrelang nicht verlangt.

Ein interessanter Auftrag, der zur richtigen Zeit an mich herangetragen wurde, freute mich und ich nahm ihn auch an. Der Hintergrund: Meine Kühl-Gefrierkombination war defekt. Und das mitten im Sommer. 640 Euro waren von diesem Auftrag dafür auf meinem Konto. Es ist so, als wenn ich zu ungeheurem Reichtum gelangt wäre, möglicherweise…! Und das Leben ohne Kühlschrank (?) ist kurzfristig abgewendet. Nett, ich werde sicher für die Überweisung bestraft werden! Vom Amt natürlich. Wurde ich auch!

Dort saß ich nun da wie ein armer Sünder kurz vor der Hinrichtung. „Ich wüsste das doch inzwischen, dass ich das nicht darf: Geld verdienen. Was ich mir dabei gedacht habe!" Es ging immer so weiter. Er, mein „netter" Sachbearbeitungsvergewaltiger, müsse meine Unterlagen jetzt an seinen Vorgesetzten weitergeben. Der wird dann entscheiden, welche Strafe ich zu erwarten habe. Dabei telefonierte er gleichzeitig mit einem anderen Delinquenten: Der will Geld, es reicht dem halt wieder nicht. Ist doch normal bei uns Armen. „Mein" Sachbearbeiter stöhnt, immer wollen die nur Geld, Geld, Geld. Ich verstand die Welt nicht mehr. Will Arbeiten für einen anständigen Lohn und darf es nicht. Irgendwie verprügelt schlich ich nach Hause.

Staatliche Gerechtigkeit und private, gefühlte Gerechtigkeit, das geht eben nicht zusammen – es knirscht. Ein Soziologieprofessor namens Schultheis stellt fest; Dass, das, was man ein Existenzminimum nennt, in Wirklichkeit keine menschenwürdige Existenz erlaubt, Menschen nicht integriert, sondern sozial verwaltet und ausgrenzt! Das hat sich also auch schon bis in die Hochschulen herumgesprochen. 2019 ist die Altersarmut in Deutschland auf 16,8 % gestiegen!!! Neun Prozent davon könnten Grundsicherung beantragen – drei Prozent tun es. Ich zum Beispiel.


 2020 kommen wegen der Coronakrise viele Selbstständige hinzu. Kein Wunder, wenn man der Zeit keine Aufträge mehr bekommt!
 Wenn die Zeit kommt, dann werde ich mich auf jeden Fall impfen lassen.
 Die Zeit ist gekommen. Mehrmals.
Und die Infektion mit Sars-CoV-2 wird von jedem unterschiedlich eingeschätzt. Wäre ja noch schöner?
 Also, die erste Impfung schon im Sommer 2020, die zweite sechs Monate später, und die dritte jetzt, Ende 2021. Hauptsächlich wegen meiner „Kunden" – ich will doch niemanden anstecken. Und wenn ich gesund bleibe, ist es auch nicht schlecht. Mein Bekanntenkreis will mir dabei nicht so recht folgen. Irgendwann interessieren mich ihre Gründe nicht mehr. Man kann es schon nicht mehr hören, im Fernsehen, den Medien ist das das Hauptthema, die Pandemie, die Pandemie. Gott sei Dank gibt es immer noch Leute, die noch nicht ihren Senf dazugegeben haben.
 Keine Angst, nach Delta ist Omikron, die nächste Mutante, schon im Anmarsch. Die Inzidenz wird sich freuen.
 Hallo, ich hab´s satt, satt, satt!!! Wer nicht, bitte melden!

## 12. KAPITEL: Meine Katzen

### Ein Pärchen

Es begab sich zu einer Zeit im Jahre des Herrn, (am 15.Juni.2005), dass in Petershausen vier Kätzchen auf die Welt kamen. Der Werner, mein Freund hat davon erfahren und gleich an mich gedacht. Zwei davon bekam ich, Edin und die CriCri, das Katzenmädchen. Ich hatte übrigens schon immer Katzen. Als meine letzte Katze starb, wollte ich keine mehr. Ich habe sie dann in allen Ehren bei uns im Garten beerdigt. Und davor eine japanische Zierkirsche gepflanzt.

Mit der Zeit werden Katzen wie eigene Kinder, die ich leider nicht hatte. Sind die Katzen tot, leidet man ungemein: Es kommen mir keine Katzen mehr ins Haus. Basta!

Jahre später hat sich meine Einstellung geändert. Ich wollte wieder mit Katzen zusammenleben, man ist dann nicht mehr so allein und hat etwas zum Streicheln. Also zog ich sie auf, und sie wurden groß und größer, normal getigerte Straßenkatzen, ansehnlich gar.

Nicht mal der Tierarzt hatte etwas an ihnen auszusetzen, bis auf eine Kleinigkeit nur: Sie müssen anfangs sterilisiert bzw. kastriert werden. Das alte Problem: Das wird teuer, eigentlich passt ja so gar nicht zusammen, teuer und Sozialhilfe. Das ist irgendwie kontraproduktiv. Deswegen bin ich zum Münchner Tierheim gewandert und habe ihnen mein Leid geklagt. Und man glaubt es nicht: Sie haben spontan die gesamten Kosten für beide Operationen übernommen. Toll! Daraufhin bin ich dort gleich Mitglied geworden.

Die einzigen, die es in Zukunft zu schätzen wissen, dass ich immer für sie da bin, sind „meine" Katzen, Das hat aber meinen Kater nicht davon abgehalten, nach zehn schönen Jahren das Weite zu suchen. Nach 24 Stunden ging die Suche los: Umfragen, wo auch immer, Nachbarn zuerst, dann Flyer an Regenrinnen, mit Foto natürlich, und zu guter Letzt ein Besuch im Tierheim! Die haben eine Erfolgsquote von über 90 %. Die hilft auch nicht recht weiter, es hätten schon 100 Prozent sein müssen. Mein Edin taucht bis heute nicht mehr auf. Wie sieht er denn aus: Ein Tigerchen mit weißer Brust und drei von vier Pfötchen waren weiß. Also, wenn ihn jemand sieht, das ist meiner, Belohnung inbegriffen. Leider teilte mir irgendwer mit, dass ein Kater, der so aussieht wie meiner, überfahren wurde. Ja, Neugier ist der Tod der Katze. Ich bin traurig, mein „Streichelmonster" ist möglicherweise nicht mehr. Trotzdem bin ich nicht auf den Hund gekommen.

Wie gesagt, Neugier ist der Tod der Katze. Jetzt gilt meine ganze Zuneigung seiner Schwester, der Cri-Cri. Sie hat anfangs auch gelitten. Und ich erst. Dass Einem Tiere so ans Herz wachsen können. Sind schon ein bisschen wie ein Kinderersatz. Aber eines weiß ich jetzt: Katzen haben auch nur ein Leben und nicht sieben. Aber das wollte ich eigentlich gar nicht so genau wissen. Dabei soll es Leute geben, die glauben, Katzen haben neun. Also, ich habe ganz bestimmt nur ein Leben, und da bin ich mir ganz sicher.

Wussten Sie, dass eine Katze einem Katzenhalter im Laufe von 16 Jahren über zwölftausend Euro kostet? Das hat der Deutsche Tierschutzbund ausgerechnet. Es geht eben nichts über solche Infos. Die sind mir direkt abgegangen. Es sind auch, Gott sei Dank, besondere Kosten darunter, wie: Katzenstreu, Sterilisation oder Kastration, Arztbesuche, die eher im Alter, inbegriffen. Meine Cri-Cri ist jetzt schon sechzehn Jahre alt und kostet somit ab sechzehn nichts mehr! Falsch oder richtig??! Falsch! Sie ist leider vor kurzem gestorben.

## Lauter Katzengeschichten

Wie gesagt, ich habe halt was zum Streicheln gebraucht und bin jetzt nicht mehr so allein, mit Edin und der CriCri. Von Anfang an ließ ich beide Katzen gerne ins Freie. Edin, der Kater, muss das erst noch lernen: dass man eben nicht, so mir nichts dir nichts, über die Straße läuft. Das Auto trug keinen Schaden davon, er schon: hatte starke Prellungen. Das würde ihr, seiner Schwester, bis heute nicht passieren. Sie ist eben um vieles schlauer. Frauen eben!

Ein Beispiel gefällig: ER streunte wieder mal herum und war nicht aufzutreiben. Da bekomme ich spät abends von Passanten den Hinweis: Auf einem Baum in einem Hinterhof sitzt ein Kater und schreit jämmerlich. Und das nachts um halb elf Uhr. Natürlich war es meiner. Das Hinauf kommen hat er geschafft. Zum Runter kommen braucht er einen Dödel wie mich, der ihm hilft. Vollkommen problemlos ist es nicht, in der Innenstadt, eine so lange Leiter zu bekommen!? Es klappt dann irgendwann doch. Ich steige mit ihm fürsorglich die Leiter hinunter und trage ihn so nach Hause. Er wehrt sich plötzlich, mag nicht mehr getragen werden, seine Krallen bearbeiten mein Gesicht. Schimpfend übergebe ich ihn der Straße. Und so bekomme ich noch eine Rüge von einer Nachbarin mit. Sie wird den Tierschutz anrufen. Mein barbarisches Verhalten wird noch ein Nachspiel haben.

Übrigens, meine Katzendame fängt auch Mäuse. Sie muss nur höllisch aufpassen, dass er, der Kater, ihr die tote Maus nicht vor der Nase wegfrisst. So blöd ist er nun doch nicht. Manchmal bekommen wir im Haus auch einen Mäusekopf vor die Türe gelegt. Was für eine Ehre!? Katzen sehen das so. Die Taube, die sie ein paar Tage später in alle Einzelteile zerlegt hat, die sieht das wahrscheinlich nicht so.

Aber was mir vor ein paar Wochen passiert ist, gibt es auch nicht alle Tage: Eine Maus klettert in meine

Wohnung. Man glaubt es nicht. Ich wohne im ersten Stock! Sie begibt sich eigentlich in tödliche Gefahr – die CriCri wartet schon. Aber sie scheint schon gefressen zu haben. Also spielt sie mit ihr, sie war richtiggehend begeistert. Schon grausam. Sie spielt und spielt und spielt, dann war irgendwann die Maus weg. Das hat ihr so gar nicht gefallen. Ich mochte meine Katze kurzzeitig nicht mehr. Sie ist eben auch ein Raubtier.

Und noch eine letzte Katzengeschichte: Ich wohne nicht weit von einem Hallenbad, dem „Nordbad", entfernt. Seit drei Tagen suchte ich mein herumstreunendes Kätzchen. Niemand hat sie gesehen. Dann erzählt mir ein Nachbar, der das Bad besuchte, von einer, meiner, Katze. Zum Bad gehört auch ein kleines Freigelände zum Sonnenbaden. Auf diesem hat sich meine clevere Katze drei Tage lang von Kindern füttern und verwöhnen lassen. Und dann war sie wieder da. Hoffentlich hat sie wenigstens den Eintritt bezahlt oder zumindest ein schlechtes Gewissen!


## Meine, unsere Hauskatze

Dass ich eine freilaufende Hauskatze habe, weiß und geniest fast das ganze Haus. Deswegen ist meine Tür auch immer offen, damit die „Gnädige" auch immer Zugang hat zum Fressnapf. Ansonsten treibt sie sich im Treppenhaus oder auf der Straße herum.
Also, dass mit der Tür ist auch schon anderen „Besuchern" aufgefallen. Ich habe mir gerade einen Krimi im Nebenzimmer angeschaut. Da leuchtet doch jemand mit einer Taschenlampe ins Zimmer. Dann kurze Rufe. Als ich nachschaue, stehen zwei Polizisten vor meiner Tür. Sie machten sich Gedanken über die offene Tür. Und ob es mir gut geht? Irgendwie nett!
Nun zum Personal für Katzen: Marie Luise, eine liebe Freundin, wohnt ein Stockwerk über mir und ist inzwischen zur Katzenmutter mutiert. Dass sie die

CRICRI liebt, dass würde ihren Freund Roland nicht im Geringsten stören. Also liebt er sie auch. Schon auf der Treppe ruft er nach meiner Katze. Ist sie bei M.L., wird sie von beiden gestreichelt, bespielt und auch noch fotografiert. Ein ganzes Album voll hat er schon. M.L. mag den Roland und liebt eben auch meine Katze. Dafür darf sie auch einmal die Woche das Katzenklo reinigen.

Ob die Cri-Cri weiß, dass sie eigentlich meine Katze ist? Mich „liebt" sie natürlich auch, vor allem, wenn sie von mir frisches Fleisch, wie Hühner- oder Rinderleber, bekommt.

Sauer war sie, als wir sie vor kurzem zum Tierarzt brachten. Im Auto zu fahren ist ja nicht so ihr Ding. Sie ist ja schon über sechzehn Jahre alt. Also Zeit für eine komplette Untersuchung. Außerdem muss der Zahnstein öfter mal entfernt werden. Himmel noch mal, sind die Tierärzte teuer! Und kassiert wird sofort. Ansonsten, fand er, sei sie fit wie ein Turnschuh.

Inzwischen hat sich das leider geändert. Jetzt im siebzehnten Lebensjahr hat es sie erwischt. Ich bin traurig: Marie-Luise ist an der CriCri vor ein paar Wochen etwas an den Augen aufgefallen: sie ist wahrscheinlich blind! Die Tierärztin hat leider den „Grünen Star" bei beiden Augen festgestellt. Sie glaubt nicht, dass sie jetzt noch einen Rest von Sehvermögen hat. Wenn sich die Netzhaut nicht löst, dann kommt sie ohne das Entfernen ihrer Augen davon. Derzeit geben wir ihr mehrmals täglich eine Spezialsalbe oder spezielle Tropfen in die Augen. Blut darf sich jetzt nicht mehr in der Augenhöhle ansammeln. Das wäre gefährlich für sie. Und so sind wir denn beide alle paar Tage bei unserer Tierärztin. Die Hoffnung stirbt ja bekanntlich zuletzt. Vielleicht gibt sie uns eines Tages „grünes Licht".
Meine kleine Katze kann eigentlich mit ihrer Behinderung ganz gut leben. Wenn sich in meiner Wohnung nicht allzu viel ändert. Es ist unglaublich, wie sicher diese Katze trotz ihrer Behinderung durch das Haus und meine Wohnung schleicht. Viele

Katzenfreunde kennen dieses Problem und wissen, dass ihre Katzen da sehr gut damit klarkommen.

Also ich bin immer noch traurig. Vielleicht hätte ich diese Erkrankung rechtzeitig erkennen können…? Oder etwa nicht? Ich denke schon. Weil sie so plötzlich beim Schmusen so einen eigenartigen Körpergeruch ausgestrahlt hat. Daran hätte ich es erkennen können, dass sie schwer krank ist. Trotzdem darf ich doch noch ein bisschen optimistisch sein, oder etwa nicht. Sie wird wieder gesund, ja das wird sie. Sie ist ja erst sechzehn Jahre alt.

Nein, wird sie nicht: Das Problem mit den Augen hat sich verschlechtert. Die schlechte Nachricht: Ich habe mir gedacht, dann läuft sie halt ohne ihre Augen durch meine Wohnung. Ein Chirurg müsste sie dann wohl oder übel entfernen.

Bei meiner CriCri hat auch das leider nicht geklappt. Ich bin ganz verzweifelt. Sie hat jetzt auch ungeheure Schmerzen, Kopfschmerzen, schrie immer wieder leise dann immer lauter. Plötzlich fiel sie um, stand wieder auf. Blieb dann eine Zeit lang liegen und kletterte mühsam auf mein Bett. Pinkelte ein paarmal auf die Daunendecke. Das war ein Hilferuf!

Sie würde sowas sonst nie machen. Es war fünf Uhr früh, es schneite wie wild. Ich musste ihr helfen und das so schnell wie möglich. Der Notdienst in der Tierklinik weiß, was nun zu tun ist. Erstmal bekam sie ein schmerzstillendes Mittel. Zwei Stunden hält das vor. Sie haben sie sofort in die chirurgische Abteilung gebracht, und sie, dehydriert wie sie war, gleich über Nacht dabehalten

Morgens rief mich der behandelnde Arzt an:" Die beiden Augen kann man nicht mehr entfernen. Sie hat auch noch Probleme an den Nieren, der Leber: Die Tumore sind leider nicht gutartig: es ist Krebs!" Er würde den baldigen Exitus empfehlen. Das war er, wie ein Schlag in die Magengrube. Auch wenn die Augenäpfel weg sind, die anderen Probleme sind halt immer noch da.

Vielleicht lebt sie noch ein paar Wochen, sie hätte halt immer Schmerzen.

Sechzehn Jahre lang war sie mein Augenstern, alle in unserem Haus haben sie geliebt, sie war eben unsere „Hauskatze". Ach Gott, sie wird uns allen fehlen. Und mir erst. Dass ich ihre Gegenwart genossen habe, brauche ich wohl nicht extra erwähnen. Wenn ich zum Beispiel mal schlecht gelaunt, wütend auch, in die Wohnung gestürmt bin, sie hat mich nur erstaunt angesehen und alles war wieder gut. Diese Ausstrahlung! Was sagte die Ärztin gleich noch mal: „Man merkt sofort, ob eine Katze in ihrem Leben geliebt worden ist oder nicht!" Danke, Danke. War ich auch oft allein – jetzt weiß ich, was Einsamkeit ist.

In der Chirurgie habe ich sie nochmal in den Arm genommen, sie geküsst und ihr leise ins Ohr geflüstert, dass ich sie sehr geliebt habe. Dann war es für sie vorbei und im Katzenhimmel bei ihrem Bruder, dem Edin.

Wie es mir geht? Scheisse… eben! Den ganzen Tag könnte ich heulen. Sie hat mir in den sechzehn Jahren nur Freude bereitet, hat mich immer freudig begrüßt und so ihre Zuneigung gezeigt. Wie soll das nun weitergehen ohne sie. Wie…?

Einen Tag später, nachdem ich zuhause ausgiebig Abschied von ihr genommen habe, haben wir, Roland und ich, sie im Garten bei meinen anderen verstorbenen Katzen beerdigt. Ich habe ihr noch schnell leise zugeflüstert, dass sie immer einen Platz in meinem Herzen haben wird.

Eine Nachbarin im Haus hat meine Niedergeschlagenheit bemerkt. Auch sie eine Freundin meiner Katze und hat mir folgende Botschaft eines guten Freundes (in Portugal) überbracht. Ich muss sie unbedingt widergeben, denn sie hat mich tief bewegt:

Hallo Bernd.

Wir kennen uns nicht, aber jemand aus dem Haus hat mir erzählt, dass die Cri-Cri gestorben ist und dass es Dir sehr nahegeht. Die Schilderung, wie traurig Du gerade bist, hat mich sehr berührt und ich habe den Wunsch in meinem Herzen, Dir etwas zu helfen, auch wenn ich das nur finanziell tun kann (ich wohne 3.000 km weit weg!!), damit Du nicht auch noch Einbußen im Job hast. Auch möchte ich Dir zeigen, dass es immer einen Weg gibt und wenn Du darauf vertraust, wird auch immer alles in die richtige Richtung laufen.

Wenn Du Dich bedanken möchtest, dann sei einfach irgendwann für jemanden da, der es benötigt (das muss nicht mit Geld sein). So wird das Gute weitergegeben und verbessert die Welt.

Alles, alles Gute für Dich mein unbekannter Freund, vertraue dem Leben und bleib gesund. (Unglaublicher weise waren auch noch hundert Euro im Kuvert).

Ich kann es immer noch nicht glauben. Aber wenn ich das Gute weitergeben kann, warum nicht.

Inzwischen sind ein paar Monate vergangen und ich denke daran, meinen „Katzenlosen" Zustand zu ändern: Wahrscheinlich werden es wieder zwei, ein Pärchen, aus dem Münchner Tierheim. Die Katzenstation ist derzeit wirklich übervoll und ich bin es eben nicht gewohnt, allein zu leben. Es müssen unbedingt wieder „Hauskatzen" her. das erwarten auch meine Mitbewohner!


## Alles über´s Katzenfutter

In aller Früh eben, mitten in einem wunderbaren Traum, werde ich ganz leicht angestubst. Wenn dann jemand auch noch laut „Miau, Miau" ruft, dann ist es meine Miezekatze, die Cri-Cri. Sie wird doch nicht Hunger haben? Folgsam, wie es sich für gut angelerntes Personal gehört, stehe ich auf und öffne eine Dose „Sheba". Aber das wird heute nichts. Die gnädige „Frau" hat aber auch einen Blick, mit dem sie mich und dann die Dose anschaut, der Blick hat es in sich. Ich hätte natürlich auch mit „Whiskas" dienen können…? Sie müsste doch inzwischen wissen, dass ich ein armer Rentner mit Grundsicherung bin. Oder etwa nicht? Sonst hätte ich sicher in aller Frühe in einem Sternerestaurant angerufen; Die haben sicher noch etwas Entrecote vom Vortag. Warum fängt sie keine Mäuse…? Ich liebe ja meine Katze –nur manchmal, nun ja, wenn es um die Kotze im Treppenhaus geht, bestimmt 7,2 %, weniger! Aber wenn ich schon mal auf bin, reinige ich gleich ihr Katzenklo. Katzen sind nun mal sehr reinliche Tiere. Der Sommer hat es nun mal in sich, alles riecht so „schön". Drum lasse dann alles ein bisschen länger stehen, damit ich meinem in der Nähe wohnenden Nachbarn (der „liebe" Nachbar"!) auch eine kleine Freude machen kann.

Da ich schon auf bin, dann kann ich auch gleich die eine lose Schuhsohle ankleben. Es geht sich´s sonst so schlecht. Die richtige Arbeit für einen Sozialhilfeempfänger. Dabei habe ich es schon mal versucht mit einem Alleskleber. Wenn ich etwas mag, dann einen Alleskleber, der nicht klebt. Über den restlichen Tag rede ich besser nicht. Das macht nur einen schlechten Eindruck. Carpe diem eben, ich habe ihn, den Tag, ganz sicher mal wieder nicht genutzt.


**Ich habe einen Vogel**

Wieder ist eine Nacht vorbei. Diesmal, wie meistens, schlafe ich nur vier Stunden. Bin schon sehr lange auf. Habe endlich wieder Arbeit bekommen. Diesmal auch für länger. Napoleon hat sich auch so seine Gedanken über den Schlaf gemacht: „Vier Stunden schläft der Mann, fünf die Frau und sechs der Idiot." Es ist nicht so einfach mit mir, mal bin ich der Mann, mal der Idiot. Klar, wenn ich nichts zu tun habe, außer heute Bücher abstauben zum Beispiel, dann schlafe ich länger. Wie ein Idiot eben.

Denn wer nichts tut, kann auch nichts falsch machen. Gell!

Nach dem Waschen gehe ich als erstes auf den Balkon, nach dem Wetter schauen. Und was sehe ich da: Eine Amsel hat sich auf meinem Schrank in der Ecke ein Nest gebaut. Anfangs sitzt sie oder er (?) brav auf den Eiern. Irgendwie habe ich den Eindruck, dass sie/er mir vertraut. Die Katze darf nicht raus. Barbara W., kündigt mir sonst noch die Freundschaft! Ein paar Wochen später schreien vier Junge nach Futter. Natürlich störe ich die Eltern nicht. Sie haben sie wunderbar und ungestört aufgezogen. Und meine Katze hat sie auch in Ruhe lassen müssen. Wenn sich nur nicht dieses Eichhörnchen da immer herumtreiben würde.

Übrigens, dieses Jahr war wieder auf dem anderen Schrank ein kleines Nest. Aber so richtig wahr genommen habe ich die Aufzucht diesmal nicht. Ist besser so!

Ich muss jetzt noch meine Bücher fertig abstauben. Ordnung ist das halbe Leben, sagt man. Welches halbe Leben, das erste oder das zweite? Derzeit geht das gar nicht, denn jetzt bin ich ja als Schriftsteller unterwegs. Ein Schriftsteller, der seine Wohnung putzt, das gehört sich nicht, finde ich. Nein! Wenn ich Erfolg habe, ja, dann nehme ich mir dafür eine Putzfrau

## 13. KAPITEL: Bade und Freizeit

### Fahrrad fahren

Ich bzw. mein Fahrrad hat einen „Platten". Und immer ist es das Hinterrad. Ein neuer Schlauch ist fällig. Wer flickt heute noch einen Fahrradschlauch? Ich nun mal nicht, tja früher…! Mein altes Hercules-Fahrrad trägt mich ansonsten sicher durch die Stadt. Eine Mehrgangschaltung hat es immerhin schon. Der Vorteil eines alten Fahrrads: Es wird nicht so leicht geklaut.

Ich bin ja, wie die Jungfrau zum Kind, zu zwei Fahrrädern der gleichen Marke aus den Siebzigern gekommen. Eine Bekannte hat ihre Beziehung beendet und dabei gleich das Fahrradfahren eingestellt. Ich habe die Räder sofort erworben, besitze jetzt auch ein Damenfahrrad der gleichen Marke. Falls sich mal ein weibliches Wesen zu mir verirren sollte und dann die Welt mit mir erobern will…?

Nachdem überall in der Stadt die Fahrradwege so toll ausgebaut worden sind, komme ich auch überall sicher hin. Natürlich gibt es auch andere Fahrmöglichkeiten, die U-Bahn zum Beispiel. Vom Sozialamt gibt es dafür den „München-Pass". Mit ihm kann man verbilligt die Münchner Verkehrsmittel benützen. Außerdem sind dort noch andere günstige Möglichkeiten im Angebot: Besuche von Museen zum Beispiel.

Der Vorteil mit dem Fahrrad: Ich tue was für meine Gesundheit. Schöne Parkanlagen, wie der „Englische Garten", der „Luitpoldpark" oder die herrlichen Anlagen im Nymphenburger Schloss, alles ist in meiner Nähe. Es wäre doch schade, wenn man dies nicht ausnützen würde! Ab und zu brauche ich nur noch jemand, der den kaputten Fahrradschlauch auswechselt oder meine Reifen aufpumpt. Ich werde eine Anzeige aufgeben!!! Diese Person müsste diese lebensnotwendige Arbeit natürlich ehrenhalber übernehmen…!

## Baggerseen, die Badeseen

Es ist ein Sommertag, wie er sein soll. Die Sonne scheint von einem wolkenlosen Himmel. Es ist schon ziemlich warm. Zeit für eine angenehme Entscheidung: ich geh schwimmen. Ich ziehe die Baggerseen Münchner Schwimmbädern vor. Das chlorhaltige Wasser dort ist nicht so mein Ding. Muss man beim Schwimmen im Becken zurzeit die Schutzmaske anlassen? Ich weiß es nicht.

Also auf zu den Seen. Das ist eben das Schöne, wenn man dies als Rentner ausnützen kann. Ein Vorteil von wenigem.

Rund um München gibt es mehrere große Baggerseen. Sie sind durch den Autobahnausbau entstanden und nicht zu weit weg vom Zentrum. Man kann sie auch leicht mit dem Fahrrad erreichen. Das klare Wasser und die weiten Liegewiesen, ich mag sie so, wie sie sind. Und genieße so einen wundervollen Badetag wie einen Ferientag.

Da fällt mir das japanische Haiku ein: Still sitzend, nichts tuend – der Frühling kommt und das Gras wächst von alleine!

Auch meine Probleme sind nun ganz weit weg. Das hat was. Noch besser ist es, wenn gleich mehrere solcher Sommertage hinter einander kommen, das gefällt mir. Ich würde sie ganz sicher so ausnützen. Man sieht es mir dann wenigstens nicht an der Bräunung an, dass ich ein Rentner (mit Grundsicherung) bin. Im Anschluss ergehe ich mich in einen der vielen Münchner Biergärten und vergesse die Zeit, natürlich nicht immer, aber immer öfter..., wer mag da schon nein sagen? Sie werden es nicht glauben, nicht nur der netten Menschen wegen. Verpflegung kann ich von Zuhause mitbringen und werde dazu dann die eine oder andere Maß Bier trinken – dann bin ich endlich im Himmel der Bayern!!!!

## Am Starnberger See

Rentneralltag: Sommer in München! Ich nütze mal wieder das schöne Wetter aus und fahre zu einem der vielen Seen im Alpenvorland. Hauptsächlich an den Starnberger See, nach Percha. Morgen wird es wieder heiß, bis 30 ° und mehr. Der See ruft. Mit der S-Bahn bin ich in 30 Minuten in Starnberg. Die paar Kilometer nach Percha laufe ich zu Fuß. Der Strand ist schon voll, wie immer an solchen Tagen. Worauf ich mich schon den ganzen Tag freue: ins Wasser zu gehen und eine Runde schwimmen. Diese Erfrischung, einfach geil.

Nachher genieße ich den Blick auf den See. Percha liegt am oberen Ende und Seeshaupt am unteren Ende des Sees. Wenn man noch weiter guckt, tja, dann sieht man die Alpen, und wenn man noch ein bisschen weiter träumt, liegt es vor einem: ITALIEN. Und so tönt es überall laut aus dem Radio: „Ab in den Süden, der Sonne entgegen!", der diesjährige Sommerhit eben. Irgendwie hat so ein Tag am See schon etwas von einem Urlaubstag. Der letzte ist schon so lange her, ganz tief in meinem Gedächtnis liegt die Erinnerung daran.

Weiter hinten am Himmel sehe ich sogar einen rotgrünen Heißluftballon. Gerne würde ich mir an einem solchen Tag die Welt von oben anschauen. Die Freiheit über den Wolken. denk` ich, die muss grenzenlos sein. Aber nicht heute. So was kann sich ein aufrichtiger Sozialhilfeempfänger nicht leisten. Es wäre übrigens toll, wenn ich noch ein kleines Plätzchen (Handtuch!) zwischen zwei Blondinen finden würde. Wäre schon froh, denn ich weiß ja schließlich, was sich für einen Junggesellen gehört.

Untertags schläft der Wind ein und abends frischt er wieder auf. Trotzdem sind Segelboote auf dem See, dazu die Badenden, ein schönes, friedliches Bild. Und dann die vielen bildhübschen Bikinimädchen. Irgendwie geht mir der Gedanke vom betreuten Wohnen nicht mehr aus dem Sinn. Aber dann schweifen meine Gedanken wieder

ab, und ich sehe den weißblauen Himmel, der sich im
Wasser spiegelt, und den rotgrünen Heißluftballon über
mir. Was willst du mehr. Eben die heile, bayrische Welt!
Dazu die bayrische Nationalhymne gefällig? Bitte schön:

>"Gott mit dir, du Land der Bayern,
>Deutsche Erde, Vaterland!
>Über deinen weiten Gauen
>Ruhe Seine Segenshand!
>Er behüte deine Fluren,
>Schirme deiner Städte Bau
>Und erhalte dir die Farben
>Seines Himmels, weiß und blau!

Kein Wunder, solche Gedanken bei einem so schönen
Tag. Und die Wolken am Himmel, eben weiß und blau,
die bayrischen Landesfarben allemal. Ein Grund mehr,
die gute Stimmung mit anderen zu teilen. Wie es so
kommt, gibt mit der einen Blondine ein Wort das andere,
und so vergeht die Zeit wie im Fluge. Sie ist Polin, wohnt
auch in München und spricht ganz gut deutsch. Bevor sie
sich abends verabschiedet, frage ich sie noch schnell:
"Können wir uns in München auf einen Kaffee treffen?".
„Das würde meinem Freund nicht gefallen".... also, den
Freund möchte ich nicht haben! Was soll das denn, nur
ein Treffen bei einer Tasse Kaffee? Und das geht nicht?
Verstehe einer die Frauen? Ja, es wird wohl nichts werden
mit dem „betreuten" Wohnen. So bleibt mir armen Tropf
jetzt nichts Anderes übrig, als mich im naheliegenden
Biergarten über eine Maß Bier herzumachen, und dann
vielleicht noch eine. Bin jetzt eben ein unglücklicher,
betrübter, verzweifelter, freudloser, enttäuschter,
bekümmerter, bedauernswerter und natürlich auch gram
gebeugter Junggeselle. Aber so enden nicht alle
Badetage, wirklich nicht. Für so arme, ungeschützte
Minderheiten, wie mich.

## Der Englische Garten

Wie so oft an einem Sonntagnachmittag fahre ich mit dem Fahrrad in „unseren" Englischen Garten, zum Sonnenbaden oder eben Fahrrad fahren. Wie so viele Münchner auch. Im Frühjahr bin ich wieder mal die Isar entlang in Richtung Freising und zurück geradelt. Linkes Ufer der Isar hinauf und rechts zurück. Es macht mir viel Freude, und ein bisschen Sport tut mir in meinem Alter gut.

Dass mit der Freude hat sich seit einem Jahr geändert. An den vorderen, sehr gepflegten Teil schließt sich ein wilder, urwüchsiger Teil des Parks an. Dieser Teil des Gartens hinter dem „Aumeister", einer Gaststätte mit berühmten Biergarten, soll eigentlich sich selber überlassen bleiben. Vor zig Jahren wurde uns Münchnern von der bayerischen Schlösser- und Seenverwaltung, die hier zuständig ist, hoch und heilig versprochen, dieses Gebiet so zu belassen, wie es ist. Kein Rasen wird gemäht, keine Bäume werden gefällt.

Und doch ist dies seit zwei Jahren alles anders. Ich kann es nicht glauben. So wurden vor einem Jahr auf der rechten Seite der Isar mindestens 25 wunderschöne alte Buchen gefällt. Ihr Holz türmte sich nun meterhoch an den Wegen auf. Aber nur die großen alten wurden gefällt. Dabei sind sie auch noch gesund gewesen; Als alter Holzingenieur, glaube ich, kann ich das beurteilen. Dabei sind sie für das Klima so wichtig und nicht die, die jetzt nachwachsen. Nur hörte das aber nicht auf, dieses Jahr kam die linke Seite dran. Und immer sind es die gesunden mächtigen Buchen. Keine Tannen, Fichten oder Birken, nein, wertvolle Buchen. Eine Kahlschlag-Oper?! Und dann wurde auch noch Rasen gesät, Rasen? Was haben die eigentlich mit diesem Teil des „Englischen Gartens" vor?

Dabei, ich muss es nochmals erwähnen, sollte dieser Teil sich selbst überlassen bleiben. Ich habe es den

Münchner Tageszeitungen mitgeteilt, nichts – kein Interesse, oder? Die „Süddeutsche Zeitung" beispielsweise hat keine Zeit: Sie muss noch die Welt retten! Auch der Bayerische Rundfunk hat kein Interesse. Ich dachte immer, der Garten wird von allen Münchnern geliebt. Scheinbar fällt dies keinem der Gartenbesucher auf? Denn gerade große alte Bäume filtern $CO_2$ und Stickoxide aus der Luft und kühlen so im Sommer die aufgeheizte Stadt. Das ist eine ganze Menge bei über fünfzig großen, alten Buchen!

Um jeden Baum wird in München gekämpft, für gefällte werden Neue gepflanzt, die die nächsten zehn Jahre überstehen sollen. Und das, was im Park mit den Bäumen passiert ist, interessiert das wirklich niemanden? Dabei ist er die grüne Lunge unserer Stadt. Und ich, ja wir Münchner, wir lieben ihn so wie er früher war.

## Biergärten in München

Im Sommer, nach einem heißen Tag abends mit Freunden in einen der vielen Münchner Biergärten zu gehen, das hat etwas. Rundet den Tag optimal ab. Das geht schon vorher damit los: Zu Hause Salate herrichten und verpacken, Käse- und Wurstsalat nicht vergessen, Teller und Bestecke und eine Tischdecke, Kerzen, alles habe ich dabei, damit der Biergartentisch auch einladend aussieht. Das Essen soll ja für alle reichen. Hier darf man übrigens das Essen von zu Hause aus mitnehmen, nur das gute Bier und eine riesige Breze holt man sich beim Schankkellner: Eine Maß Bier für jeden sollte es schon sein, als erstes natürlich. Ich sage es euch, der erste Schluck, Wahnsinn!!

Wir halten es dann schon aus, bei der Atmosphäre, einfach toll! Und bleiben immer solange, bis das Licht ausgeht. Man glaubt es kaum, wie schnell hier die Zeit vergeht. Wir san ja alle mit ´m Radl da. Das letzte Mal bin ich feuchtfröhlich mit ihnen nach Hause geradelt, mehr oder minder. Sollte man, sollte man eigentlich nicht!?

Und meine Wohnungsschlüssel habe ich dabei beim herum kurven auch noch verloren. Keine gute Idee, nachts in der Dunkelheit den Heimweg nochmal zurückzuverfolgen. Schade um die gute Laune, ernüchternd. Das kann dauern. Die anderen liegen schon im Bett, da suche ich sie immer noch. Immerhin habe ich später die eine Hälfte gefunden, nicht meinen Wohnungsschlüssel, aber immerhin den Hausschlüssel. Damit komme ich wenigstens ins Haus, den anderen haben meine Nachbarn.

Was aber nicht heißen soll, dass der nächste Biergartenbesuch mit guten Freunden lange auf sich warten wird. Wetter mäßig. Merke: Ein richtiger Münchner geht nicht auf das Oktoberfest, sondern mehrmals im Sommer in einen, seinen, Biergarten!!! Richtig so! Darauf wieder die Bayernhymne?!
**Nein? Dann eben nicht.**


**Umwelt und Klima**

Es ist schon zum Verzweifeln: Ich tue privat nach meinen Möglichkeiten alles, was gut ist für das Klima. Sortiere den Müll, verzichte auf Plastik, fahre nur mit dem Fahrrad oder dem MVV. Und verbrauche so wenig Strom wie nötig, (und zahle trotzdem 79 Euro im Monat!) und spare auch noch im Winter bei der Heizung. Neue Kleidung kann ich mir nicht leisten, und das Essen hole ich von der „Tafel". Duschen entfällt, und wenn, dann nur an Feiertagen (Rentnerduft!)?

Was, bitte, soll ich noch tun? Ist dies alles nur ein Problem, das nur die Armen lösen sollen oder müssen? Die einen fordern dauernd neue Regeln, und die anderen, die Gutbetuchten, ignorieren sie rücksichtslos. Sie betrifft das alles nicht. Fahren die vermaledeiten, überdimensionierten Geländewagen, die SUV´s, oder benutzen den Flieger, obwohl das oft nicht nötig ist, sie sparen an nichts, Strom zum Beispiel, man hat es ja. Dabei verfügen sie über die richtigen Informationen und haben auch den Einfluss, das Klima positiv beeinflussen zu können, wenn sie es nur wollten. Von dem überflüssigen Kunststoff, der von Deutschland aus die ganze Welt versaut., gar nicht zu reden.

„Wenn Sie den Widerstand gegen den Klimaschutz verstehen wollen, folgen Sie dem GELD!“, so formulierte es vor ein paar Jahren schon der US-Ökonom Paul Krugmann. Dem ist nichts mehr hinzuzufügen. Oder doch. Noch sind die Zeiten, in denen das Kapital der Wissenschaft folgt, noch nicht angebrochen. Wir haben ja noch soooo viel Zeit?!

Natürlich war ich bei den Demonstrationen der „Friday for future“ Bewegung dabei. Ich kann die Jugend verstehen – sie macht mir Mut. Obwohl ich oft glaube, dass die Welt so nicht mehr zu retten ist. Wie heißt es so treffend: „Stehen wir heute am Abgrund – so sind wir morgen schon einen Schritt weiter!“

Es gibt ja Leute, die finden, der Corona Virus sei ein klimafreundlicher Virus. Leere Straßen, saubere Luft, die Lufthansa ist auch am Ende (?), und Kreuzfahrtschiffe braucht auch keiner mehr. Gott sei Dank! Die „Friday for future“-Leute werden sich freuen.

Denn die Angst vor Corona spüren alle Länder und Menschen der Welt – aber die Angst vor dem Klimawandel spüren sie offenbar noch nicht. Die Zukunft unter diesen Vorzeichen macht mir Angst.

## Das Sozialamt: Der Prozess

Heute ist wieder mal Sozialhilfe-Tag: Zuerst Demut üben, üben vor dem Spiegel. Dann muss ich mich an der Pforte anmelden. Da könnte ja jeder kommen, wann und wie er will. Wollen wollen dies nur die vom Sozialamt, und das exklusiv. Dort gibt es dann auch für jede Lösung ein Problem.

Jeder weiß das, wir, die Bürger, die Medien, nur das Sozialamt nicht. Dabei meinte die Sozialreferentin der Stadt München schon vor langem: Der Grundbetrag zum Beispiel (432.-€!) müsste in München unbedingt aufgestockt werden! Das kann dauern in dieser Republik und ist derzeit auch nicht erlaubt. Im Bayrischen Wald könnte man sehr gut von der Sozialhilfe plus Grundsicherung leben, im teuren München aber ganz sicher nicht.

Man glaubt es kaum, aber in Schottland wird eine Kuh jährlich mit 12.000,- Euro subventioniert. Das hat was, nicht…? Nebenbei darf ich kein Geld verdienen, nur ein kleines Bisschen was halt! Nur, wie soll ich denn sonst über die Runden kommen? Bin ich jetzt ein Krimineller? Scheint so. 400 Euro-Jobs sind auch nicht das Gelbe vom Ei. 250 Euro gehen dann an das Sozialamt, der Rest gehört dem Gottlosen. Über diesen Stundenlohn will ich gar nicht reden. „Wenn man jung ist, denkt man, Geld ist alles – aber, wenn man älter ist, weiß man, Geld IST alles", das wusste auch schon Oscar Wilde. Er wird doch nicht in seinem Leben Geldsorgen gehabt haben?

O.K., wenn Bekannte in Zukunft meine Hilfe brauchen, ich helfe gern. Und verstehe kaum, was ich mit der Zeit alles so über die Leistungen nach dem Sozialgesetzbuch (SGB XII) zusammengetragen habe, wenig genug, natürlich. Natürlich!

Trotzdem werde ich auch noch anders entlohnt. Manchmal wird die „Kohle" auch überwiesen. Das gefällt dem lieben Sozialamt gar nicht. Also stellten sie einmal die Zahlungen ein. Und ich habe es gar nicht gewusst. Man glaubt es kaum: Sie haben einfach mal die Miete fünf Monate lang nicht überwiesen! Nochmal: Fünf Monate lang!!!

Acht Jahre habe ich mich allein um alles gekümmert, die Kleidung besorgt, Dinge repariert usw. Also, der Staat hätte mich eben doch lieber arm und abhängig. Kino, Konzerte und Tanzabende gibt es nicht, Urlaub schon gar nicht. Vor einigen Jahren konnte ich noch ein paar Wochen auf Kreta leben. Sie haben es inzwischen verboten. Nee, nee, Selbstwertgefühl und Würde, das kommt jetzt nicht mehr vor. Aus der Traum!

Was das Nötigste ist, wusste ich bisher nicht. Jetzt habe ich nur noch das Nötigste vom Nötigsten! Das Sozialamt hat gemerkt, dass ich doch noch mit über 70 Jahren hin und wieder arbeite. Ja, wie schon mal erwähnt, diese Arbeit, sie strengt mich auch an; Wohnungen renovieren zum Beispiel. So habe ich mir mein Rentendasein eigentlich nicht vorgestellt. Allerdings habe ich mir davon eine Kühl-Gefrierkombination gekauft – was man halt so macht, wenn die alte kaputt ist. Und dafür gearbeitet.

Es kam, wie es kommen musste. Sie haben mir, wie gesagt, die Miete nicht mehr bezahlt. Ohne es mir zu sagen. Was macht ein Hausbesitzer dann: Er kündigt die Wohnung, ganz einfach so. Ich habe eine Zwei-Zimmer Wohnung, die ich eigentlich von Amts wegen nicht mehr haben dürfte. Mein Glück war damals, dass in München über 1500 Menschen keine (!) Wohnung haben. Sie hätten mich wohl oder übel in einen Container stecken müssen. 14 % der normalen Mieter in München können sich eine Wohnung in München gar nicht mehr leisten. Laut Grundgesetz sollte die Miete eigentlich nur 30 % des Einkommens ausmachen. Für 8 Millionen Sozialhilfeempfänger in Deutschland steht nur eine Million an Sozialwohnungen zur Verfügung. Wie meinte ein ehemaliger Bauminister: In den 90er Jahren wurde Deutschland zu Ende gebaut! Na, der hat ganz sicher eine Eigentumswohnung.

Weiter im Text: Dem bösen Jungen wurden auch die Krankenkassenbeiträge nicht mehr einbezahlt. Da bekam ich zu meiner großen Freude zur richtigen Zeit Zahnschmerzen. Also habe ich Rücksprache mit meinen Zähnen genommen – sie haben mir schweren Herzens einen Aufschub gewährt. Eine „Brücke" wollte ich eigentlich bei meiner Krankenkasse beantragen.

Was blieb mir in dieser Situation auch anderes übrig: Ich ging wegen der Kündigung meiner Wohnung vor Gericht. Dort bräuchte ich dafür eine andere Hilfe: Dafür gibt es eigentlich Sozialanwälte. Der erste wollte innerhalb eines Tages alles an Formularen, ich hatte sie so schnell nicht beisammen. Weiter zur nächsten Anwältin. Ich habe sie im Internet gefunden. Sie wirkte sehr kompetent, hatte aber erst in 14 Tagen Zeit. Und das bei meiner sofortigen Wohnungskündigung!!!

Ein Freund gab mir die Adresse eines Rechtsanwalts in Kirchseeon. Der will mir auch helfen. Nur, ich habe kein Geld. „Ach, das macht nichts," meinte er. Er hätte da ein Objekt, in dem müsste sowieso alles renoviert werden. Als Honorar! Ich fand das toll. Er wollte auch so schnell wie möglich alle Unterlagen. Außerdem ging er davon aus: Kündigungen werden auch zurückgenommen. Bin momentan angstfrei! Der Anwalt hat als erstes Kontakt zum Sozialamt aufgenommen. Dort saß ich dann wie belämmert dabei, als sie um mein Schicksal handelten und schacherten.

Das Amt zahlte dann doch die restliche Miete, und ich musste Stein und Bein schwören, in Zukunft die Schwarzarbeit sein zu lassen. Was man halt in der Not so alles sagt. Mein Rechtsanwalt meinte treuherzig, in so einem Fall wäre sowieso wenig zu verdienen. Er muss arbeiten, zahlt Steuern, und ich „bescheiße" den Staat. So kann man es auch sehen.

Jetzt ging es erst richtig los. Mein Vermieter wollte unbedingt die Kündigung durchsetzen. Freilich mit dem Hintergedanken, die Wohnung wieder teurer vermieten zu können. Wir fanden uns alle vor Gericht wieder. Die junge Richterin hörte sich als erstes alles an. Mein Anwalt trug mein Problem vor. Ich hätte es gerne selber gemacht, wo ich doch so gerne rede. Er fand das zu meinem Leidwesen nicht so gut. Die junge Frau muss sich das in Ruhe durch den Kopf gehen lassen. Vorläufiges Ende der Veranstaltung.

Beim nächsten Mal trafen wir uns wieder im selben Saal. Man möchte es nicht glauben, die Richterin war schwanger. Nicht von mir, ehrlich! Eine andere übernahm den Fall und die „Veranstaltung". Ein paar Monate waren schon rum. Und wieder sitzt ein anderer Richter, diesmal ein Mann, vor uns. Man glaubt es nicht. Die Dame war versetzt worden. Also ging wieder alles von vorne los. Und ich war, Gott sei Dank, immer noch in meiner Wohnung. Endlich ging dann doch alles sehr schnell über die Bühne – die Kündigung war nicht rechtens. Und das dicke Ende der Geschichte: Trau guten Rechtsanwälten nicht. Sein Honorar stand an – das Objekt, welches ich renovieren sollte, hat sich inzwischen leider erledigt. Und ich armer Sozialhilfeempfänger saß mit einer dicken Rechnung in den Nesseln. 432 Euro pro Monat reichen halt nicht zur Rückzahlung. Also, na, wie löst man dieses Problem…? Mit monatlichen Raten natürlich.

Jetzt hat sich auch noch eine junge Sozialarbeiterin von der Diakonie eingeschaltet und will mir bei dem Fall zur Seite stehen. So ganz allein wäre ich dann doch nicht.

Irgendwer hat mir mal gesagt: Sozialhilfeempfänger mit Grundsicherung sind in so einem Fall auch nicht pfändbar. Raten müsste ich auch nicht anbieten. Um des lieben Friedens willen habe ich doch Monatsraten in Höhe von 50 Euro angeboten (bei 432 Euro minus 50,- €!). So geht es eigentlich nicht. Doch, doch, bei Sozialhilfeempfängern geht alles! Wer weiß denn schon, wann ich meinen Anwalt wieder brauche, bei dem Sozialamt?!

Es ist ein Drama: mein Anwalt, mit dem ich mich immer sehr gut verstanden habe, ist von einem Schlaganfall überrascht worden. Was das für mich heißt: er kann die Praxis nicht mehr weiterführen. Ich bin traurig und hoffe nur, dass ich in Zukunft keinen Rechtsanwalt mehr brauche.

## 14. KAPITEL: Ärzte

### Meine Hausärztin

Meine Tabletten sind alle. Sie sind sehr wichtig für mich: ich habe nämlich keine Schilddrüse mehr. Sie wurde mir fast komplett entfernt. Und ohne sie kann ich nicht überleben. Meine Ärztin, eine Internistin, verschreibt sie mir immer. Ich kenne sie schon sehr lange. Eigentlich verstehen wir uns recht gut. Ihre Praxis ist auch noch dazu in meiner Nähe.

Einmal habe ich ihr von meiner Rente plus Grundsicherung erzählt. Es war ein großer Fehler! Auch dass ich von 28,77 Euro die Woche nicht leben kann. Also muss ich hin und wieder etwas dazuverdienen. „Das geht ja gar nicht!", ruft sie empört. „Was ich mir dabei denke. Das ist ja Betrug. Wo doch der Staat mir so großzügig unter die Arme greift". Sie hörte gar nicht mehr auf zu schimpfen.

In Zukunft unterlasse ich dieses Thema und führe andere Gespräche. Es ist schon interessant, sie ist Ärztin und ihr Mann auch. Sie scheint mehr mit Kranken und weniger mit Armen in Kontakt zu kommen.

Einmal im Jahr überprüft sie mittels Blutabnahme meine Werte. Gott sei Dank bin ich gesund. Das hört man gerne in Zeiten, in denen der Corona Virus sein Unwesen treibt. Und ich gehöre auch noch als Rentner zu den „Auserwählten"!

Jetzt bin ich schon dreimal von ihr geimpft worden, wenn´s hilft!

## Eine Schulteroperation

Vor ein paar Jahren hatte ich einen üblen Fahrradunfall.
Dabei hat es beim Sturz meine rechte Schulter erwischt.
Als Sozialhilfler hat man ja viel freie Zeit. Die ich nutzen
wollte, um endlich die ewigen Schmerzen in meiner
Schulter zu beheben. Außerdem stört diese Behinderung
mich auch bei meiner Arbeit.

Mitte August ist nicht gerade die beste Zeit, oder doch?
Wenn alle in Urlaub sind, gibt es im Krankenhaus auch
eher freie Betten. Vor der Operation zuerst das
Abendessen ausfallen lassen in der Klinik. Am nächsten
Morgen wird operiert. Geschlafen habe ich nicht, so
aufgeregt wie ich war.

Als erstes haben sie mir ein sexy Hemdchen angezogen,
vorne zu und hinten offen. Es lief alles so, wie ich mir
eine Fließbandabfertigung vorstelle. Drei waren noch vor
mir dran. Ich kam mir so hilflos vor, draußen allein auf
meiner Bahre. Angst hatte ich auch. Endlich war ich dran,
narkotisiert zuerst und dann operiert. Später wurde ich zu
früh wach und hörte begeistert zu, wo wann am
Wochenende Golf gespielt wird und von wem.
Irgendwann hat mich dann eine mitfühlende Seele in
mein Drei-Bett-Zimmerchen geschoben.

Zwei Betten waren noch frei. Am Nachmittag änderte
sich das. Der eine Herr war am nächsten Vormittag dran.
Vorher konnte man noch ein bisschen ratschen.

Eine Woche im Krankenhaus: Das hat was: früh
wecken, waschen, dann Frühstück, faul rumliegen, ein
Mittagessen, was man nicht unbedingt mag. Ein
Mittagsschläfchen, wenn es geht. Die Langeweile bleibt.
Das Abendessen hat was. Fernsehen auch, wenn man
dafür bezahlt.

Der Tag ist rum, und eine Woche später war ich draußen.
Baden nicht erlaubt. Die Operation hat mir den ganzen
restlichen Sommer versaut. Dafür freue ich mich auf
meine beiden Katzen. Wenn sie sich auch freuen, werden

sie gestreichelt. Eine Zeitlang wenigstens. Aber, wie gesagt, wer streichelt mich?

Es hat ja was Gutes, eine gesetzliche Krankenkasse zu haben, die dann die Kosten für so einen Krankenhausaufenthalt übernimmt Als Selbstständiger lebte ich lange ohne eine. Gut, wenn man immer gesund bleibt. Anfangs wurde ich als Sozialhilfeempfänger bei den Ärzten immer wie ein Privatpatient behandelt. Die Stadt München kam damals für die Kosten auf. Bis es einem Abgeordneten in Berlin auffiel: Das geht ja gar nicht! Aber das mit den langen Terminen schon.

Und so wurden wir alle, auch mein Freund Werner, in die gesetzlichen Kassen eingegliedert. Mir kann es nur recht sein. Die Mitgliedsbeiträge übernimmt nun das Sozialamt. Und mich freut`s


## Nur eine Erkältung

Viel kann ich zurzeit nicht tun, weil ich ständig von mir selbst überwältigt bin. Es ist Herbst, und ich habe mir endlich einen übrig gebliebenen Erkältungsvirus eingefangen, den sonst niemand wollte. Ich hatte gerade nichts Anderes vor. Also blieb ich im Bett und kurierte ihn aus.

Wie heißt es so schön: Drei Tage kommt sie, die Erkältung, drei Tage bleibt sie, und drei Tage geht sie. Man kann auch den Onkel Doktor zu Rate ziehen: Dann geht alles viel schneller, nämlich: drei Tage kommt sie, drei bleibt sie, und drei Tage geht sie. Trotzdem habe ich den Verdacht, dass es ihr, der Erkältung, bei mir schon sehr gut gefallen hat. Wenn nur das ewige, ewige Schwitzen nicht wäre, vom dauernden Husten gar nicht zu reden. Und danach das Wäsche wechseln und ganz wichtig, heiße Bäder nehmen: Es muss halt sein. Es wird nicht das letzte Mal sein. Was mir jetzt noch fehlt, ist ein

Menschlein mit einer Portion Mitleid, bei dem ich mich stundenlang ausweinen kann!

Übrigens, als mich die Influenza 2017 heimgesucht hatte, starben gleichzeitig in Deutschland über 22.000 Menschen. Das nur so nebenbei. 2020 ist „endlich" der Coronavirus über uns hereingebrochen, frisch importiert direkt aus dem schönen China: Bis jetzt starben Deutschlandweit 3.803 Kranke, vorläufig. Was für ein Drama! Gott sei Dank macht er bis jetzt um mich einen großen Bogen.

Es ist Herbst, und die Neuinfektionen steigen. Wie vorhergesagt, leider. Und jetzt ist auch noch die Grippezeit angesagt. Hoffentlich können die Infizierten auch unterscheiden, von wem und wo sie sich derzeit angesteckt haben? Wenn dieser heimtückische Coronavirus wenigstens äußerlich erkennbar wäre, mit Pickeln oder ähnlichem. Aber wenn geimpft wird, bin ich dabei.

## Und jetzt auch noch die Schilddrüse

Endlich habe ich meine jährliche Erkältung bekommen. Meist bekomme ich sie erst dann, wenn alle anderen sie schon hatten. Inzwischen hat meine Ärztin darüber eine andere Meinung. Aber zuerst schickte sie mich zu einem Hals-Nasen-Ohren-Spezialisten. Dann zum Röntgenologen. Die unangenehme Überraschung: Ich habe eine abnorm vergrößerte Schilddrüse. Sie hat sich im Laufe der Jahre stark nach innen ausgedehnt. Bei den meisten Menschen sieht man das meistens, ein Kropf halt. Bei mir wurde dadurch die Luftröhre beeinträchtigt. Davon kommt der ständige Husten. So etwas passiert vielen im Süden der Republik.

Wehe, wenn jetzt jemand behauptet, dass man in meinem Alter mit diversen Wehwehchen rechnen muss.

Die machen liebenswürdigerweise immer noch einen großen Bogen um mich herum!

Ja, und so haben sich für diesen Fall viele Kliniken in Bayern eben auf Schilddrüsenoperationen spezialisiert. Ich ging in eine am Starnberger See. Immer das gleiche Prozedere: kein Abendessen vor der Operation am nächsten Tag. Erste Übernachtung im Krankenhaus. Am Vormittag geht es los: Der rechte Teil der Geschwulst war enorm, die linke Seite gefiel den Ärzten auch nicht. Jetzt ist fast alles weg. Eine Schwester hat mich gleich in mein Krankenzimmer geschoben. Zwei Männer mit ähnlichen Symptomen warteten schon „freudestrahlend" auf mich. Sie hätten mich in die Frauenabteilung schieben sollen! Wer schläft schon gern mit zwei Männern in einem Zimmer.

Dazu kommt, dass der Sommer bisher ein grün angestrichener Winter war. Und ausgerechnet jetzt wird es heiß. Und der See in Sichtweite, die Badenden, die Segelboote, ich leide. So kommt Freude auf im Krankenzimmer.

In Zukunft muss ich ein Leben lang Jodtabletten schlucken. Sie ersetzen die Schilddrüse. Und ich bin nicht mehr vollständig. Man sieht`s nur nicht.

Erst als das Wetter schlechter wurde, bin ich entlassen worden. Wen wundert`s. Die einzigen, die sich freuen, sind halt, wie immer, meine Katzen. Ich streichle sie endlich wieder, und gern auch noch, dann und wann.


## Zahnschmerzen


Warum, um Gottes willen, hat man immer am Wochenende oder an Feiertagen Zahnschmerzen? Kein Mensch, nicht mal mein Zahnarzt, weiß, warum das so ist. Mich hat es erwischt. Der Backenzahn rechts hinten mag nicht mehr. Das hat doch was, vierundzwanzig Stunden am Tag mit Zahnschmerzen herumzulaufen.

Wahrscheinlich büße ich jetzt meine vielen Sünden ab! Jetzt ist er heraus und ich habe eine Lücke mehr. Das sieht jetzt schon eher nach einem Sozialhilfeempfänger aus!

Es gibt ja junge Zahnärzte, die der Meinung sind, die Backenzähne müssten alle raus. Mein „alter" Zahnarzt meint das nicht. Er kämpft um jeden Zahn. Ich habe es nicht so mit dem Wechseln zu anderen Fachärzten, ich bin da eher treu. Was mich damals richtig geärgert hat: Ich habe ihn einmal gefragt, wie er meine vorhandenen Zähne findet? Sagt er, doch so mir nichts, dir nichts, ich hätte sie früher besser pflegen sollen. Hallo, meine Zähne sind mit mir in Rente gegangen. Und so sehen sie auch aus, gut, finde ich. Na ja …

Trotzdem brauche ich oben links demnächst eine Brücke. Hier hilft er mir bei meiner Krankenkasse, als Sozialhilfeempfänger bekommt man die einfache Ausführung, und ich brauche nichts hinzuzuzahlen. Wenn ich so im Wartezimmer sitze, dann lachen mich die Zeitschriften und Plakate von Menschen mit wunderschönem Lachen und fantastischen Zähnen an oder aus. Wenn ich nicht wüsste, dass man im Druck alles, aber auch alles, verschönern kann, ich müsste depressiv werden. Dabei habe ich in meinem ganzen Leben keine Ärzte und schon gar keine Zahnärzte gebraucht. Habe auch immer brav meine Zähne geputzt. Dafür sehen sie derzeit, finde ich, ganz gut aus. Das meine ich, nicht mein Zahnarzt. Ein bisschen gelb sind sie schon, von einem Raucher (bin ein schwacher R.!). Ich habe Taschen im Zahnfleisch, große auch noch, wo: rechts unten und auch links oben, eigentlich überall. Ein Fest für einen Zahnarzt. Die Sprechstundenhilfe muss sie reinigen. Kein Wunder, dass ich derzeit mit einem Mundschutz herumlaufe.

Nein, das Problem liegt wo anders. Das Zahnfleisch bildet sich im Laufe eines Lebens zurück. Und so verstecken sich darin halt manchmal irgendwelche

Essensreste, Keime halt. Und die Gute reinigt sie natürlich nicht umsonst.

Leider hat er Ende dieses Jahres seine Praxis aufgegeben. Und dann bin ich halt mal wieder auf der Suche nach einem anderen Zahnarzt mit dieser Qualität. Und das ausgerechnet zu einem Zeitpunkt, zu dem mir gerade jetzt wieder beim Essen ein Stück eines Zahns abgebrochen ist.

Es ist ja nicht so, dass uns Armen nicht auch eine Hilfsorganisation helfen würde. Zum Beispiel, wenn es um eine Zahnbrücke geht. Und die sind teuer. Dumm nur, mir kann hier nicht geholfen werden: Vor fünfzehn Jahren habe ich halt, wie schon mal erwähnt, Schulden aufgehäuft. So weit geht die Hilfsbereitschaft in Deutschland nicht. Ich könnte dann ja auf die Idee kommen, anstatt neuer Zähne mit dem Geld Schulden begleichen zu wollen. Das glauben die allen Ernstes. Außerdem passen kaputte Zähne eh´ besser zu einem Sozialhilfler! Trotzdem muss es ja nicht gleich jeder sehen.

Man glaubt es nicht: Schon wieder macht ein Zahn im Oberkiefer Probleme. Er ist senkrecht gespalten. Also muss er raus. Da muss auch noch ein Kieferchirurg ran. Jetzt, wo er raus ist, hält die Brücke daneben nicht mehr. Es wird halt auf eine Denksportaufgabe für meinen neuen Zahnarzt hinauslaufen. Und die Krankenkasse bekommt dann auch ein ausführliches Angebot. Gott sei Dank werden Sozialhilfeempfänger großzügig und fair behandelt. Ihr werdet es nicht glauben, mein Zahnarzt hat schon wieder neue Baustellen entdeckt. Es scheint so, als müsste ich ihn bis zu seiner Rente mit Arbeit versorgen.

## Das Sozialamt: Meine „Hinrichtung "

Auf den „Besuch" im Sozialreferat hätte ich damals gerne verzichtet. Wenn ich mich schon mit Magenschmerzen auf die Reise mache, dann kann daraus nichts Gutes werden. Die ganze Nacht davor habe ich mich herumgewälzt. Immer wieder habe ich mir irgendwelche schlimmen Szenerien vorgestellt. Was ich auf was dann sage und warum? Eigentlich wollte ich ja hundert Jahre alt werden. Und jetzt das, dahin gerafft in der Blüte der Jahre

Ich sage es, wie es ist: Es ist immer anders als man denkt. Als ich dann beim Eintreten das Gesicht „meines netten" Inquisitors gesehen habe, wusste ich, es wird eine „Hinrichtung"!

Und so war es auch. Als ich meinen dicken, fetten Ordner gesehen habe, den er auf den Schreibtisch gewuchtet hat, war mir alles klar. Jetzt geht es los: „Wir können Ihnen ja nicht kündigen (!) aber das, was sie sich geleistet haben, ist nicht (nicht?) akzeptabel. Was haben Sie sich dabei gedacht, arbeiten zu gehen und mehr Geld zu verdienen, als erlaubt ist?" Dass ich dafür eine Kühl-Gefrier-Kombination gekauft habe, es interessiert ihn nicht. Oder auch mal eine Tischlampe. Um das Essen der Tafel ordnungsgemäß zu verstauen, braucht es eben mehrere Gefrierfächer. Und im Sommer ohne Kühlschrank leben zu wollen, das geht ja gar nicht. Gott sei Dank (?) interessiert ihn das nicht – wo er doch so gerne schimpft. Und ich auch noch den Mund halten sollte. Und ich armer Sünder, was ist nur los mit mir? „Sie machen das doch schon seit Jahren so". Er muss das jetzt seinem Vorgesetzten melden. „Eigentlich ist das ja kriminell, was Sie da dauernd unternehmen!" Was ist jetzt, bin ich jetzt vorbestraft, komme ich nun ins Gefängnis. Und wer passt dann auf meine Katzen auf?

Dann läutet sein Telefon. Es ist wieder so ein armer Tropf wie ich dran: „Bitte helfen Sie mir, ich kann den Strom nicht mehr bezahlen?". Was sagt der „nette" Herr zu mir und zu seiner Kollegin: "Die wollen immer nur Geld, Geld, Geld!" Komisch, nicht! Seine Mitarbeiterin versteht ihn nur zu gut. Aber nur sie. Dem „Kollegen" geht es derzeit wie mir, bei den hohen Stromrechnungen habe ich auch so meine Probleme.

Wie gesagt, es gibt nichts Gutes, es sei denn, man tut es! Ich verstehe die Welt nicht mehr: Da will ich arbeiten, um von der vermaledeiten Sozialhilfe loszukommen. Und der Staat will es nicht. Andere brauchen auch zusätzliche Hilfen und bekommen sie nicht. Ich kapier es nicht mehr?! Sind die Angestellten im Amt nicht auch Staatsdiener und werden doch letztendlich von uns Steuerzahlern bezahlt? Ich glaub`, die denken, dass wir für sie da sind! Sollen sie sich doch einen gescheiten Job suchen! Wenn ich um Hilfe bitte, von einem guten Rat gar nicht zu reden, ja, das ist in etwa so, als wenn ich einen Bankangestellten um 50 Euro anpumpen würde! Na ja, ich habe dann das ungastliche Haus, zusammen gestauchter weise, verlassen. Gott sei Dank sind mir dann alle Fußgänger rechtzeitig aus dem Weg gegangen. Rechtzeitig!!

Warum sollte das auch alles gewesen sein. Am nächsten Tag war ein Brief im Briefkasten. Von wem der war ahnte ich. Am übernächsten Tag war alles klar. Sein Vorgesetzter wird noch einmal Gnade (!) vor Recht ergehen lassen und mich „nur" zu einer Geldstrafe von 1.700 Euro belangen. Dass mit der Gnade muss ich falsch verstanden haben. Und die Kassenabteilung der Stadt München auch. Sie wollen das Geld und zwar sofort. Wahrscheinlich können die sonst mit dem Geld die 10.100 Angestellten der Stadt nicht mehr bezahlen? Mein Konto war leer. Das ist bei mir immer so kurz vor Ende des Monats. Da haben doch die „lieben" Leute der Stadtverwaltung trotzdem mein Konto gesperrt. Einfach so. Mir wäre es lieber gewesen, die hätten mir eine Fußfessel verpasst. Dann entgeht ihnen wenigstens nichts.

Wie gesagt: Es gibt nichts Gutes, es sei denn, man tut es! Ich habe wieder mal den mich zu verwaltenden, jetzt auch verurteilten und doch wieder in Ungnade aufgenommenen, ich habe ihn, „meinen" Sachbearbeiter, deswegen angerufen. Er hat die Pfändung sofort gestoppt. Irgendeine Kohle brauche sogar ich zum Leben. Das Gute? Er erklärt mir eindringlich: Sollte ich mal zu ungeheurem Reichtum gelangen, würde davon das Geld sofort eingezogen werden. Na gut, auf dem Weg zum Reichtum bin ich schon, aber es ist, wie gesagt, ein sehr weiter Weg!

Was ich von Anfang an nicht verstanden habe: Sie haben alle Adressen von Hilfsorganisationen und geben sie nicht heraus. Und für Hilfe sind sie nicht zuständig. Ich frag demnächst mal bei der Entwicklungshilfe für Afrika (!) nach. Oder ich pumpe einfach mal unseren Finanzminister Olaf Scholz an....? Was hat der für ein Glück – er ist schnell noch Bundeskanzler geworden.

Eines hat sich, Gott sei Dank, geändert. Seit kurzem bearbeitet meine Unterlagen eine Frau. Wir kennen uns noch nicht. Wenigstens weiß sie schon, dass ich ein tiefschwarzes (!) Schaf bin!!!!

Wieder mal ist mir etwas sehr Dummes passiert: Ich habe dem Amt Ende des Jahres, wie immer, meinem Jahresabschluss geschickt. Und denen auch gleich mitgeteilt, dass ich mir eine weiße Malerlatzhose gekauft habe (für 54,- Euro!). Das hätte ich nicht tun sollen.

Die Mitarbeiterin im Sozialamt geht nun davon aus, dass ich ein selbständiger Maler bin und kürzt ihre Leistungen um 251,90 Euro, monatlich. Dabei bin ich gar kein Maler, sondern erledige lediglich kleinere Reparaturarbeiten. Da ich seit zwei Jahren, Corona bedingt, keine Arbeit mehr bekommen habe, wollte ich im Sommer meine Wohnung streichen: Wände, Decken, Türen und Fenster. Die alte Arbeitshose hat ihren „Geist" aufgegeben, man muss nicht alle Einzelteile an die frische Luft setzen. Es soll Leute wie mich geben, die kaufen sich dann eine neue. Das hat man nun davon, von meiner

„ehrlichen" Ehrlichkeit. Und so beginnt der Kampf um meine Existenz wieder auf's Neue.

Um ganz ehrlich zu sein, irgendwann reicht es mir mit der körperlich doch sehr anstrengenden Arbeit. Abends schreit mein Körper immer lauter nach Ruhe und Erholung – ich meine, 15 lange Jahre mit kleineren Nebenarbeiten als Rentner etwas hinzuzuverdienen reichen. Oder etwa nicht!? Ist Zeit zum Aufhören.

Aber wie soll ich in Zukunft von meiner Regelaltersrente (249,01 Euro) überleben in so einer reichen Stadt wie München?

Wenn ich etwas liebe, dann dies, Bittbriefe an das Sozialamt zu schicken. Persönlich vorbei kommen geht ja derzeit nicht, Corona lässt grüßen!

Was sich nicht geändert hat: Hartz-IV-Schummler werden viel härter bestraft als Steuerhinterzieher. Natürlich schaden beide unsrer Gesellschaft gleichermaßen. Und das muss dringend korrigiert werden, denn diese Diskrepanz ist eigentlich geradezu obszön.

Ein Beispiel gefällig: Bitte schön.

Bei mir ging es ja "nur" um 640 Euro für einen einfachen Kühlschrank. Bei einer Höhe von nur 500 Euro wird der Fall wegen Geringfügigkeit eingestellt. Hätte der über 1000 Euro gekostet, wären Auflagen fällig geworden. Bei 5000 Euro geht es vor Gericht. Weil ich ja den Staat betrogen habe, ist das in jedem Fall (?) ein Sozialbetrug. Aber in einem sehr viel graviererden Fall geht es um mehr, um mehr Ungleichheit und um mehr Gerechtigkeit: Eine 35-jährige Frau hat zuerst für einen Zeitraum von etwas mehr als drei Jahren Sozialhilfe bezogen (21.398.- Euro!). In dieser Zeit hat sie einen neuen Lebenspartner gefunden und ist zu ihm gezogen. Das hätte schon das Sozialamt wissen müssen (!). Sie wusste es nicht. Sie hatten sich die Wohnung, sprich: die Mietkosten geteilt.

Also landete die Angelegenheit vor Gericht wegen Sozialbetrug. In einer Liebesbeziehung oder „Bedarfsgemeinschaft" zu leben, bedeutet nach den

Regeln, dass man sehr viel weniger Sozialhilfe bekommt. Die Frau war bis dito nicht vorbestraft.

Der Richterin teilte sie mit, dass sie den Tatbestand nicht als solchen ansah. Einen Rechtsbeistand konnte sie sich auch nicht leisten. Dass es Sozialanwälte gibt wusste sie zu diesem Zeitpunkt nicht.

Man muss sagen, sie hatte wohl kein Glück mit dieser Richterin. Sie würde die Summe gerne zurückzahlen, wenn auch in Raten. Und den vorsätzlichen Betrug war ihr bis zur Verurteilung auch nicht bewusst.

Nun, sie wurde zu anderthalb Jahren auf Bewährung verurteilt. verurteilt, bei dieser Richterin (!). "Wer mehrfach falsche Angaben zu seinem Lebens- und Wohnumständen macht, der handelt bewusst und betrügt den Staat!" so ihre Begründung. Tja, der möchte ich nicht begegnen, nicht mal vor Gericht! Warum, weil diese 35-jährige junge Frau für ihr ganzes Leben als vorbestraft gilt! Wie will sie noch an einen Job in dieser Gesellschaft kommen? Und eine Wohnung hat sie derzeit auch nicht. Sie ist ja nur eine Hartz-IV-Bezieherin!? Muss sie nun die 21398 Euro zurück bzw abzahlen oder nicht?

Ich muss sagen, das hätte mir in einem ähnlichen Fall auch passieren können. Nur, die damalige Partnerin hat die Beziehung (leider) abgebrochen.

Nun zu einem richtigen Steuerbetrüger. Er hat zur selben Zeit tatsächlich den Staat um circa 30.000 Euro betrogen. Er sah seinen Fehler ein, bot Ratenzahlungen an und akzeptierte seine Strafe. Das Finanzamt spielte mit. Er wurde nicht verurteilt. Erst bei einer Schadenssumme von über 100.000 Euro ist manchmal mit einer Freiheitsstrafe zu rechnen, die auch zur Bewährung ausgesetzt werden kann. Natürlich!!

Menschen, die wegen Hartz-IV-Betrugs verfolgt werden, können von so viel Langmut nur träumen.

Durch Steuerbetrug erleidet die Allgemeinheit jährlich einen Schaden von 50 Milliarden Euro, dazu kommen weitere 50 Milliarden, die durch Steuervermeidungskonstrukte verloren gehen, schätzt die

Steuergewerkschaft. Der Schaden durch Hartz-IV-Betrug nimmt sich dagegen fast winzig aus. Es waren 57,3 Millionen Euro im vergangenen Jahr. Stellt die Bundesagentur für Arbeit fest. Das ist allerdings nur ein Tausendstel von 50 Milliarden.

## Leben und Sterben

Glück und Trauer liegen oft zeitgleich nah bei einander. In unserem Mietshaus hat vor vier Wochen ein gesunder Bub das Licht der Welt erblickt. Kurze Zeit später hat uns eine bekannte Schauspielerin, ein paar Stockwerke darüber, verlassen. Ich mochte sie sehr.

Dabei fällt mir auf, dass ich jetzt immer öfter beim Blick in eine Zeitung Todesanzeigen lese. Gut, dass viele Tote jünger sind. Solche Anzeigen habe ich früher nie angesehen. Warum auch. Jetzt, in der Coronazeit macht das seinen Sinn.

Ein anderes Thema: Was ich immer sehr bedauert habe, dass seit Jahren immer nur Junggesellen in unser Haus ein- und bald danach wieder ausziehen. Wenn sie einen Partner gefunden haben, natürlich. Jahrelang geht das schon so. Es fehlt so der Zusammenhalt im Haus. Es gibt eben auch keine Familien mit Kindern bei uns, nur Singles. Plötzlich ist das alles anders. Die Nachbarfamilie bekam ein Baby, man hört es, und das ist schön. Ein Jahr später war das Zweite da. Gleichzeitig stirbt jemand, den man mochte – ein Verlust. Na gut, sie war schwer krank und hätte ja wieder gesundwerden können!

Was ich schon früher beim oft nicht zustande gekommenen Grillen festgestellt habe: Kontakte oder gemeinsames Feiern sind Mangelware in unserem Haus. Vor allem die vielen Jüngeren trifft man zwar im Treppenhaus und grüßt sich. Aber näher kommt man sich leider nicht. Die Jungen leben in einer eigenen Welt, wir Alten notgedrungen auch. Ich finde, dass es eigentlich genügend Gemeinsamkeiten gibt. Man muss es nur wollen. Und so leben wir halt alle so irgendwie neben einander her. Schade!? Denn: Versuche machen klug.

Ob´s der Coronavirus 19 richten wird? Es ist ja nicht so wichtig, wie alt ich werde – sondern WIE ich alt werde? Schon die neuesten Corona-Zahlen gelesen?

Vor dem Tod habe ich keine Angst mehr. Als Siebenjähriger bin ich nach langer Krankheit ins Koma gefallen. Die Ärzte hatten mich damals schon aufgegeben. In dieser „Koma“-Zeit muss ich eine Todessehnsucht entwickelt haben, die mir diese Angst nahm. Damals, ich kann mich noch gut erinnern, habe ich zu diesem Zeitpunkt diese Situation wundervoll empfunden. Ich befand mich in einer strahlenden, wunderschönen Welt, weit weg von meinem Krankenzimmer. Und irgendwann war ich wieder zurück, in dieser Welt, meine Mutter nahm mich freudestrahlend in die Arme. Und was machte ich, ich heulte, ich wollte gar nicht mehr aufhören. Ich war so unglücklich. Mir kommt es so vor, als sei es erst gestern gewesen. Denn diese schöne neue Welt hatte mir damals viel besser gefallen.

Kein Wunder, dass ich heute unsere Zeit oftmals kritisch sehe! Und so hat sich meine Einstellung damals für immer geändert. Vor großen, schweren, unheilbaren Krankheiten, deren Schmerzen ich gar nicht gewachsen bin, das macht mir große Angst. Bei permanent Gesunden wie mir weiß man das und da bin ich wohl nicht alleine,

Aber mit den Geschickes Mächten ist eben kein ewiger Bund zu flechten!

## Nur ein Nachtrag

Diese Tagebuchaufzeichnungen sind die Erfahrungen von zwölf Jahren als Rentner, als Sozialhilfeempfänger mit Grundsicherung, die ich auch hauptsächlich mit dem Sozialamt in München gemacht habe.

Zum Ende hin fällt mir ein Fazit nicht schwer. Schwer ist es, immer den gleichen Lebensmut, die gleiche Motivation mitzubringen. Und das Tag für Tag. Soll es denn immer so weitergehen, die gleiche Leier, täglich die gleichen Sorgen? Hoffentlich nicht. Dabei bin ich, Gott sei Dank, gesund. Und immer noch sehr neugierig auf meine Zukunft. Leider nehme ich das nur so zur Kenntnis, dabei ist das ein Geschenk, meine Gesundheit!

Hauptsächlich ist es der finanzielle Aspekt, und der reicht halt nicht für ein menschenwürdiges Leben in einer so teuren Stadt wie München. Ich weiß, ich habe es schon ein paarmal erwähnt, aber es stimmt ja. Das hat mich früher in meiner Zeit als Innenarchitekt natürlich nicht gestört. Was kann ich mir heute leisten, was zahle ich morgen wieder für Rechnungen, und was geht übermorgen wieder alles kaputt? Es zermürbt einen wie mich! Noch dazu, wenn man die schönen Dinge des Lebens nur noch vor dem Fernseher erlebt.

Armut ist nicht nur ein schlechter Ratgeber. Er ist auch oft verantwortlich für Herz- und Kreislaufbeschwerden. Die Depressionen nicht zu vergessen. Von der Kriminalität ganz zu schweigen, wer hätte das gedacht? Die Ausgrenzung, an vielem nicht mehr direkt teilhaben zu können, ist für einen Menschen wie mich, der sich zu gerne auch am öffentlichen Leben beteiligt, schwer auszuhalten! Die Gesellschaft braucht uns nicht (nur an Weihnachten!), aber wir bräuchten sie, die Gesellschaft. Ihre Wertschätzung und Akzeptanz, aber dafür muss ich selbst auch etwas tun.

Ich möchte doch bloß meine Würde, mein Selbstwertgefühl und meine Freude am Leben nicht verlieren!!!

Wie heißt es so schön im Grundgesetz für die Bundesrepublik Deutschland: „Die Würde des Menschen ist unantastbar. Sie zu achten und zu schützen ist Verpflichtung aller staatlichen Gewalt! Das deutsche Volk bekennt sich darum zu unverletzlichen und unveräußerlichen Menschenrechten als Grundlage jeder menschlichen Gemeinschaft, des Friedens und der Gerechtigkeit in der Welt" Sie ist NICHT teilbar! Wie war es damals, 1949, als dieser so wichtige Satz im Grundgesetz aufgenommen wurde: Die Zeiten des Nationalsozialismus waren noch nicht solange vorbei, die Unfreiheit auch nicht. Heute habe ich manches Mal den Eindruck, dass dieser Satz gar nicht mehr für viele diese Bedeutung hat, die er eigentlich haben sollte. Ist die Würde heute wirklich unantastbar? Vielleicht sollte ich das auf eine Weihnachtskarte schreiben und mit den „besten" Wünschen zum neuen Jahr u.a. an mein Sozialamt schicken? Aber nicht nur an das!

Die Pandemie lässt mich nicht mehr los: Und so habe ich mir anfangs ein paar Gedanken über die Zeit vor der Pandemie gemacht: Über die lange Zeit als Sozialhilfeempfänger. Und jetzt frage ich mich, was passiert jetzt mit mir in dieser Corona-Virus-Zeit? Es wird nicht reichen, mich nur anzupassen.

Ich habe festgestellt, dass wir so viel mehr sind, als das, was wir irgendwann einmal entschieden haben zu sein. Oder was andere für uns entschieden haben. „Wir sind Profis im Umgang mit Krisen. Wir wissen, was man macht, wenn es richtig scheiße ist!", so FFF-Luisa Neubauer vor ein paar Wochen.

Alles wird gut?! „Schon möglich, dass ein paar Menschen unter die Räder kommen und viele Läden schließen müssen, aber dass wir genau jetzt den historischen Moment erleben, in dem sich unsere Art des Zusammenlebens, Arbeitens, Reisens, Feierns, Liebens fundamental und unumkehrbar verändert, dass wir auf Jahrzehnte hinaus nicht an den Status quo ante anknüpfen können, ja dass es das gewesen sein könnte mit unserem

Wohlstand und unserer Sorglosigkeit, das glaubt so richtig niemand – weil ein derartiger Epochenwechsel außerhalb unserer Vorstellungskraft liegt, oder anders: Weil Menschen, die es gewohnt sind, unter einer Katastrophe ein Hotelzimmer ohne WLAN zu verstehen, die Fortsetzung des westlichen Glücksnarrativs für alternativlos halten“, meint die SZ.

Alles wird gut?

Sollte ich das glauben? „ Wir haben den Glauben an ein Happy End so verinnerlicht, dass er zur Gewissheit geworden ist. Es ist diese amerikanische Version der Zuversicht, die sich so fest in unserem Bewusstsein verankert hat, dass sich die meisten kein dauerhaftes Unglück, keinen Ruin, ja nicht einmal einen Verzicht auf ihren gewohnten Lebensstil vorstellen können“, so die Meinung des SZ-Magazins

Wird dann alles gut?

Ich glaube nicht, bzw. ich denke, dass vieles in Zukunft eine größere Rolle in unserem Alltagsleben spielen wird, was wir zurzeit noch gar nicht abschätzen können. Das kann und wird auch die Umwelt und das Klima betreffen. Wir sind ja jetzt schon erstaunt, Corona bedingt, wie sauber die Luft geworden ist und wie ruhig es auf unseren Straßen zu geht.

Den finanziellen Sektor, die geänderten Arbeitsbedingungen, ja das wird viele von uns zum Nachdenken bringen, vor allem, wenn sie die Kurzarbeit oder, noch schlimmer, die Arbeitslosigkeit betrifft. Hartz IV und das Sozialamt wartet schon. Auf jeden Fall werden viele Menschen sensibler miteinander umzugehen lernen. Wie lange die guten Vorsätze vorhalten – ich glaube, nur eine gewisse Zeit. Erholt sich die Wirtschaft wieder und ist endlich ein Wirkstoff gegen den Corona-Virus gefunden, dann, ja dann wird es so ähnlich sein wie vor der Pandemie. Wir vergessen das leider viel zu schnell. Ich sehe das ja bei mir. Trotzdem wünscht´ ich mir und allen anderen lieben Mitmenschen eine bessere, schönere und vor allem eine gesunde Zeit. Carpe diem – nutzt ihn, den Tag, die Zeit!!

Ach übrigens: „Ich schwöre, dass ich meine Kraft dem Wohle des deutschen Volkes widmen, seinen Nutzen mehren, Schaden von ihm wenden, das Grundgesetz und die Gesetze des Bundes wahren und verteidigen, meine Pflichten gewissenhaft erfüllen und Gerechtigkeit gegen jedermann üben werde.